家族の幸福度を上げる7つのピース

慶應義塾大学SDM研究科教授
前野隆司
慶應義塾大学SDM研究所研究員
前野マドカ

青春出版社

はじめに

世の中は、わからないことだらけです。人間は、いつも予測できない未来に向かって歩んでいると言えるでしょう。そんな中、家族はどうあるべきでしょうか。

２０２０年、新型コロナウイルスの流行は、社会の予測困難さを加速しました。また、自由に出かけたり人に会ったりすることが、以前よりもやりにくくなりました。家にいる時間や家族と過ごす時間が長くなった人も少なくないことでしょう。

その結果、家庭で食事を作る回数、掃除やゴミ捨てなどの手間が増え、家事の負担が大きくなった人も多いのではないでしょうか。リモートワークやリモート授業で家族が毎日のように同じ空間で過ごさざるを得なくなり、大人も子どももストレスが増大しているという声もたびたび報道されています。

一方で、感染拡大前に比べて、「家族の重要性をより意識するようになった」

「仕事より家族と過ごす時間をより重視するようになった」という人も増えています。「新型コロナの流行は、家族との絆を確かめ合う機会になった」と感じている人もいるようです。

こんな先の読めない世界において、一緒にいられることに幸せを感じている家族と、感じられない家族の違いは、一体どこにあるのでしょうか。家族と長い時間を過ごすことになったいま、私たちはどうすれば、家族全員で幸せを感じることができるのでしょうか。

そんな疑問や不安を感じている方々に、「幸福学」を活用することによって家族の幸せを感じていただくために、この本を執筆しました。

「幸福学」とは、心理学や統計学をベースに、人が幸せになるためのメカニズムを明らかにする学問です。幸せになる要因や条件を科学的に導き出していくもので、比較的新しい学問です。

本書は、幸福学の研究を行っている前野隆司（夫）と前野マドカ（妻）による共著です。私たちは、職場では研究者として幸せについて調査し、家庭では夫婦として家族の幸せを追求し続けてきた二人です。

新型コロナウイルスの流行を機に、私たちは、どうすれば幸福度が上がるのか、その要因や条件についての研究を行ってきました。そんな中で見えてきた働く人の幸せについての7つの項目を家族の幸せとしてまとめ直したのが、「幸福度を上げる7つのピース」です。

7つのピースをひとつずつそろえていけば、結果的に、家族の幸福度は上がるでしょう。

本書では、こうした研究結果をベースに、家族と接するときの考え方や、過ごし方、会話の仕方などを、具体的に語っています。

どのピースも、ほんの少し意識するだけで手に入れることができるピースばかりなので、まずは自分自身で、各ピースに書かれているヒントを心がけてみてください。そうすれば、いずれあなたも、あなたの家族も笑顔が増えていくでしょう。そしていつの間にか、家族も自然と7つのピースを意識するようになり、家庭の中がぐっと明るく幸せな雰囲気に変わっていくことでしょう。

本書をきっかけに、先の読みにくい時代というピンチが、家族の幸福度をいままで以上に上げるチャンスになることを、心より祈っています。

家族の幸福度を上げる7つのピース　もくじ

幸福のピース1

「自分軸因子」が家族をイキイキさせる

幸福のピース2

「成長因子」が家族をワクワクさせる

幸福のピース3

「リフレッシュ因子」が家族の笑顔を増やす

幸福のピース4

「思いやり因子」が家族を優しくさせる

幸福のピース5

「役割因子」が家族としての責任感を高める

幸福のピース6
「認められている因子」が家族の心を安定させる

幸福のピース7

「協調因子」が家族の絆を強くする

「家族の幸福」のために、やってはいけない7つのこと

家族のさらなる幸せのために

新型コロナで見えてきた「家族という集合体」の課題

コロナの流行で浮き彫りになった家族間のコミュニケーション不足

2020年4月、緊急事態宣言が発出され、多くの人々が家にいることを強いられる状況になりました。5月になって宣言は解除されましたが、以前と比べると、大人も子どもも家庭で過ごす時間は確実に長くなったでしょう。

その結果、家庭内ではさまざまな問題が噴出しています。もっとも深刻なのが、プライバシーの問題ではないでしょうか。お子さんがいる家庭の話を聞く機会が何度かありましたが、多くの方が「プライバシーのことで何度ももめた」と言っていました。

普段は家にいないはずの父親は一日中家にいるし、子どもは学校へ行けなくなってしまった――これは大人にとっても子どもにとってもはじめての経験です。大人たちは「子どもが騒いでうるさい」と感じ、子どもは「ずっと親に見られているようでうっとおしい」と感じることが多かったようです。

私たちのまわりにも、「もう、これ以上家にいるのは耐えられない」と言っている人が少なからずいました。中には、家でも家族から離れてリモート飲み会などにたびたび参加していて、自粛期間中、結局家族とはあまり話さなかったという人もいました。家族は家族で、隣の部屋でずっとリモート飲み会をやられるのも気分が良くないようで、それがきっかけで喧嘩になってしまった人もいました。

ほかにもいろいろな問題が起きていると思いますが、家族間で起きるさまざまな問題の多くは、コミュニケーション不足に端を発していると考えられます。本来、家族においてコミュニケーションは非常に大切ですが、コロナの流行によってその大切さがより浮き彫りになったといえるでしょう。

家族とずっと一緒にいるのが辛かったとしたら、それは夫も妻も、親も子どもも、もしかしたら祖父母も同様です。だから、その辛さを解消するには、ただ誰かが誰かに命令するのでも、ただ誰かが我慢するのでもなく、お互いの気持ちを出し合い、ちゃんと話し合って解決策を探るしかありません。

そこを省いて、ただ親が子に、あるいは夫が妻に「家族のために仕事をしているんだから、静かにして」と言っただけでは、言われたほうも納得できるものではないでしょう。少なくとも、親は子どもの気持ちをよく聞いてあげるべきですし、「私たちもいろいろと我慢しているんだよ」と、状況を説明したほうがよいと思います。

家族同士で話し合いを重ねることこそが、幸せな家族になるための、第一歩です。そういう意味では、コロナの流行は家族の幸福度を上げるためのきっかけを与えてくれているといえるのかもしれません。

家族を見直さざるを得ない時代がやってきた

見方を変えてみると、家にいる時間が増えたということは、愛する家族と一緒にいられる時間が増えたということです。だから本来であれば、これは幸せなことのはずです。

我が家の場合、以前は夫も妻もそれぞれ仕事で飛び回り、息子も会社に通勤し、娘は大学に通っていたので、家族全員が顔を合わせる時間はとても少なくなっていました。ところが、緊急事態宣言に伴い、家族の接する時間が信じられないくらい増えました。その結果、関係性が深くなり、これまで以上にみんなで楽しく過ごせています。しかし、急激な変化の中で、特に問題なく幸せに過ごせている家庭は、むしろ珍しいのかもしれません。

家族そろって毎日一緒にご飯を食べるという状況は、まるで「昭和の家族」のような形に、強制的に戻らされた感があります。しかしそれは、あくまでも形が戻っただけで、家族それぞれの日常や人生、社会までもが昭和に戻ったわけではありません。だからいろいろとうまくいかないことが出てくることもあるわけです。いま私たちは、好むと好まざるとにかかわらず、誰もが家族のあり方を見直さざるを得ない時代に直面しているといえるでしょう。

そもそも、人類が地球上に誕生したのは約20万年前。以降、いまから1万年前に至るまでの19万年もの間、人々は狩猟採集生活をして暮らしていました。日本でいう縄文人の暮らしです。

この間、人々は富を蓄えず、自然の恵みと長老を尊敬し、平和裏に暮らしていました。当然、その頃は仕事と家庭は別々ではなく、仕事＝生きることでした。ワーク＝ライフ。それを親は子どもに見せて学ばせていたわけです。これがそもそも人類の基本でした。

その後、社会は変化を繰り返し、３００年前に起きた産業革命以降は、経済的繁栄とヒエラルキーのトップを目指して、人々は競い合うようになりました。家庭と職場は分断され、人々の多くは外で働いて収入を得て、家に帰って家族と過ごす、という現代型の生活パターンが定着していきました。

ところが今回、コロナの流行により、再び家庭は家族と過ごすだけの場所ではなくなりつつあります。いまや、家庭は働くところでもあり、親と子が学ぶところでもあるわけです。そうした、以前とは違う状況にどう適応していけばいいのか、私たちはどうすれば家族の幸福度を上げていくことができるのか、改めて考えてみる必要があると思います。

日本人の幸福度は下がり続けている

皆さんは、「世界幸福度報告」という調査をご存じでしょうか。これは国連の研究機関が毎年発表している、幸せに関する世界的な調査結果で、自分が感じる幸福度が0から10のどこに当てはまるか答えるアンケート結果から導き出されるものです。

2020年の結果では、156か国中、1位は3年連続でフィンランドでした。主な欧米諸国では、カナダ11位、英国13位、ドイツ17位、米国18位、フランス24位、イタリア30位です。

では、日本は何位だったと思われますか？

結果はなんと、62位です。そこまで低いのかと、驚かれた方もいるでしょう。

しかし、この順位はあまり気にし過ぎないほうがいいと思います。理由は、質問の仕方にあります。「あなたの人生の幸福度は、0から10のうち、どこですか？」という聞き方をしているからです。

欧米のような個人主義的な国では、10からマイナスして自分の位置を決める人が多いためか、だいたい平均して8くらいになります。

しかし東アジアのような集団主義的な傾向が強い国では、回答が平均である5を中心に分布します。謙虚さを美徳とする国民性の影響もあり、自分だけ幸せと言うのはおこがましいので、平均にしておこうという気持ちが働くのです。

実はこうした傾向はアジア全体にあり、台湾の25位以外は、タイ54位、韓国61位、香港78位、中国94位と、欧米諸国に比べて軒並み低い結果となっています。

日本はやや集団主義よりですが個人主義的な傾向もある国です。このため、幸福度調査では個人主義的な国と集団主義的な国の間くらいの順位になるわけです。

こうした幸福度調査はいろいろあり、調査方法や質問の仕方によって、順位はだいぶ変わります。ある調査では、南太平洋の島国であるフィジーが1位になっています。「楽しいですか?」「うれしいですか?」といった感情的幸福を中心に質問していくと、発展途上国の順位がぐんと上がってくるのです。

ただし、先ほどの国際幸福度調査によると、ここ数年、日本の幸福度はどんどん下がり続けています。２０１７年51位、18年は54位、19年は58位と、まさに右肩下がり。さすがに、これは問題だと思います。

順位が下がり続けている理由は明確ではありませんが、やはり少子高齢化や、世界における経済的な地位が下がり続けていることが関係している可能性は高いと思います。

かつて、日本は欧米諸国から「エコノミック・アニマル」と呼ばれ、ＣＭでは「24時間働けますか」というコピーが流行しました。それが本当に良かったかどうかはさておき、それくらい「成長」を目指し、実際に成長していたわけです。その成長がストップしたいま、経済的閉塞感で人々の幸福度が下がってしまった可能性はあるでしょう。

国が成長している時代であれば、家族も個人も、「先は見えないけれども頑張ろう、きっと良くなるよ」という希望が持てた。実際にはそんなに良くならなかったとしても、その時点では希望を持っているので、幸福感は高まるわけです。現在の日本の場合、さまざまなデータが今後の衰退を予測しているので、人々はなかなか前向きな気持ちになれず、不安感や虚無感が増しているのかもしれません。

いまの日本の若い世代では、「エコノミック・アニマル」とは正反対で、出世も望まないし、家も車もいらないし、収入もそこそこあればいいという人が増えています。それ自体が問題というわけではありませんが、「先々、希望が感じられないから、結婚できない」とか、「家族なんて、とても責任を負えない」と思っている人も増えていて、結婚率も出生率も非常に低い状態にあります。

しかし、どんな形にせよ、家族を持つことは、自分の成長につながり、後にくわしく述べますが、成長は幸せへとつながっています。ですから、家庭を持つことを最初から諦めてしまうのは、せっかくの成長と幸せの機会を自ら手放してしまうことにもなりかねません。これはとてももったいない話だと、私は思っています。

私は、未来は明るいと思います。これまでも人類は、成長時代と定常時代を繰り返してきました。

成長時代は、経済が成長する時代。定常時代は、文化や思想や芸術が栄える時代。後者こそ、人々が力を合わせて幸せに生きる時代です。

日本は世界の先陣《せんじん》を切って、幸せ時代に突入しつつあると言うこともできるのではないでしょうか。家族というコアのもとに、幸せを育む時代に。

「家族の幸せ」に必要な、幸福学の「7つのピース」とは

「幸福学」とは、幸せになるためのメカニズムを検証する学問

「家族の幸福度を上げる７つのピース」についてふれる前に、「幸福学」とは何か、なぜ私（隆司）が幸福学の研究をするようになったのか、簡単にふれておきたいと思います。

幸福学とは、心理学と統計学をベースに、人が幸せになるためのメカニズムを検証する学問です。幸福というと、以前は哲学や宗教学の分野で語られることが多かったのですが、そうではなく、人々にアンケートをとった上で、幸せになる要因や条件を科学的に導き出していくものです。１９８０年代くらいから発達してきた、比較的新しい学問といえるでしょう。

私はもともとエンジニアで、カメラのモーターやロボットハンドなどを作っていました。しかし、年々、私の興味は人の心へと移っていきました。大学に転職してからは、「笑うロボット」などを作ることで、どうすれば人は笑ったり、喜んだりするのか、その理由を解き明かしていこうと考えるようになりま

した。

研究の末、「笑うロボット」は作れたのですが、結果的に、むなしさが残りました。ロボットはロボットです。笑っているように見えても、それはうれしくて笑っているわけではありません。ただ、機械の機能として動いているに過ぎないのです。それよりも、生身の人間の研究をしたいと思いました。これが、私が幸福学の研究を本格的にはじめることになったきっかけのひとつでした。

その後調べてみると、世界中の心理学者や経済学者など、さまざまな分野の人々が、それぞれに幸福学の研究を進めていることがわかりました。私はそれらを体系化し、幸せになるメカニズムを解き明かすことで人々を幸せにできないだろうかと思ったのです。

以降、人々を幸せにするまちづくりやものづくり、職場づくりにも視点を広げ、幸せに関する研究を重ねてきました。現在では、同じく幸福学を研究している妻とも連携し、「幸せのワークショップ」なども開催しています。

幸福度はどうやって測るのか？

そもそも「幸福」とは、どういう状態でしょうか。

心が満ち足りている、うれしい、喜ばしい、楽しい状態。あるいは、もっと具体的に「お金がたくさんある状態」「好きな人と一緒にいられる状態」「快適な空間で平穏に無事にいられる状態」「刺激的なイベントがいろいろ体験できる状態」など、いろいろな状況を思い浮かべる人がいるでしょう。

実際、人によって、幸せに関する価値観はさまざまです。また、時代によっても、国によっても、考え方は異なります。ですから、「幸せとは何か？」を、ひと言で定義するのは難しいでしょう。

また、仮に定義できたとしても、それだけでは人々は幸せになれません。私たちがもっとも知りたいのは、「どうすれば幸福度は上がるのか」。そのメカニズムのほうではないでしょうか。

そこで私は、「幸せの形は多様だけれど、人々が幸せを感じる基本のメカニズムは意外と単純なのではないか」と考え、人々の幸福度の測り方と、人々の幸福度が上がる要因を探ってきました。

こうした研究は、実はこれまでもいろいろ行われています。もっとも一般的なやり方は、主観的幸福についてアンケート調査を行い、同時に、ほかの要因についてもいろいろと調査し、その結果を分析する方法です。

主観的幸福についての調査とは、その名の通り、本人が自分のことを幸せと感じているかどうかを調べるものです。たとえば、「あなたは幸せですか？」と質問し、「もっとも幸せを10点」「もっとも不幸せを0点」として、自分は何点だと思うか、幸福度を主観的に答えてもらいます。

その上で、「あなたは健康ですか？」「あなたは趣味はありますか？」「あなたの年収はいくらですか？」など、さまざまな質問や、さまざまな調査を行ったりして、その項目と幸福度の間に相関関係があるかどうかを調べていくのです。

こうした調査の結果判明した、幸福度に関連している要因は、たとえば、年齢や性別、健康かどうか、信仰心の有無、結婚しているかしていないか、ボランティア活動をしているか、外交的か、頼れる人がいるかどうかなど、さまざまなものがあります。

質問の仕方や対象者の国籍、実行されたタイミングなどによって結果が異なるため、絶対的な結論とまではいえないのですが、どういう人にどういう条件が伴えば幸福度が上がるのか、おおよその傾向は明らかになりつつあるといえるでしょう。

ちなみに、「人の幸福度が上がる要因といえば、収入に決まっているだろう」と思っている人は多いかもしれません。しかし、アメリカの著名な心理学者・行動経済学者ダニエル・カーネマンらは、２００８年から翌年にかけて行った調査により、年収が７万５千ドルまでは収入と幸福感が比例しているけれど、それを超えると比例しなくなる、という研究結果を発表しています。人の幸福度は、お金があればあるほど上がるわけではないのです。

「7つの因子」＝「7つのピース」とは？

では、本書の中心となる「家族の幸福度を上げる7つの因子」と、「家族の幸福度を下げる7つの因子」がどうやって求められたものなのか、説明しておきましょう。

実はこれらの因子は、我々とパーソル総合研究所が共同で行った「はたらく人の幸福学プロジェクト」の調査で明らかになった、「はたらく人の幸せの7因子」と「はたらく人の不幸せの7因子」がベースになっています。

これは、「幸せと不幸せは対抗した概念ではなく、それぞれ別の要因があるのではないか」という仮定のもと、国内の就業者（20代～60代）に対して、2020年2月、大規模なアンケート調査を行い、因子分析という手法を使って導き出したものです。

因子分析とは、心理学者や工学者などが使う分析方法のひとつです。専門的な話は割愛しますが、今回の場合、さまざまな質問項目からなるアンケート調査の結果をコンピュータで解析した上で、働く人が幸せを感じるにはどんな要因が関係しているのか、不幸せを感じるにはどんな要因が関係しているのかを明らかにしていきました。

「はたらく人の幸せの7因子」は、自己裁量（マイペース）、自己成長（新たな学び）、リフレッシュ（ほっとひと息）、他者貢献（誰かのため）、役割認識（自分ゴト）、他者承認（見てもらえてる）、チームワーク（ともに歩む）でした。

「はたらく人の不幸せの7因子」は、自己抑圧（自分なんて）、理不尽（ハラスメント）、不快空間（環境イヤイヤ）、オーバーワーク（ヘトヘト）、協働不全（職場バラバラ）、疎外感（ひとりぼっち）、評価不満（報われない）でした。

本書では、こうして求められた「はたらく人の幸せの7因子」を「家庭の幸福度を上げる7つの因子」に、「はたらく人の不幸せの7因子」を「家族の幸福度を下げる7つの因子」にそれぞれ置き換え、家庭の幸福について解説します。

加えて、「因子」をパズルのピースとしてとらえ、「幸福のピース」と呼んでいます。パズルのピースをひとつずつそろえていくことで、より幸福度が上がっていく様子をイメージしてみてください。

職場は仕事をして収入を得る場所であり、一見、家庭とはまったく違うように見えるかもしれません。しかし、職場も家庭も、根本に立ち返ってみると、「みんなで幸せになろう」という最終目的を共有した共同体です。人を育てる場であり、かつ、自分が成長する場でもあるなど、共通点はいろいろあります。なにしろ元々は、ライフ＝ワークだったのですから。そこで「この結果は職場だけではなく、家庭でも活用できるのではないか」と直感したことが、この本が誕生したきっかけです。

7つのピースをひとつずつ増やして幸福度を上げていく

「はたらく人の幸福学プロジェクト」の調査で明らかになった大きなポイントは、幸せと不幸せは表裏ではなかった、ということです。幸せでないことが不幸せなのではなく、幸せの因子を満たし、かつ不幸せの因子を満たさないことこそが、「幸せ」ということだったのです。

　ですから、本書で紹介している「家族の幸福度を上げる7つのピース」をできるだけ増やし、「幸福度を下げる7つの因子」をできるだけ減らすことが、幸せな家族になっていくための道である、といえます。

ある人にこうした研究結果を見せたら、「家族が幸せになるのは大変ですね。幸福度を上げる因子・幸福度を下げる因子の各7つ、合計で14もの因子を気にしなければならないのですから」と言っていました。

実際には、そんなふうに生真面目に考える必要はありません。

本書では、「幸福度が上がる7つのピース」について、ひとつずつさまざまな事例にふれながら説明していきますので、これを参考に、幸福度を上げることをなんとなく心がけてみてもらえたらと思います。

「幸福度を下げる7つの因子」は、本書の終わりのほうにまとめて紹介していますので、家族がどうもうまくいかないというとき、その原因を探るヒントととらえてみてください。

「家族の幸福度を上げる7つのピース」を知った上で、考え方や行動をほんの少し変えるだけで、あなたの気持ちは前よりもずっとラクになると思います。

そして結果的に、あなたの家族の幸福度も、少しずつ上がっていくでしょう。

幸福のピース1

「自分軸因子」が
家族をイキイキさせる

自立した家族が仲良く暮らすことが大切

「自分軸因子」とは、「家庭で自分の考えや意見を述べることができ、自分の意志やペースで計画・遂行することができている状態」のことです。これはつまり、「家庭内において、自分の意志で自分らしく生活できている」ということであり、「自ら主体的に家庭とかかわっている状態」という言い方もできるでしょう。

たとえば、親から「勉強しなさい」と言われ、いやいや勉強している子どもは、自分軸が高い状態とはいえません。パートナーに「せめてゴミ出しくらいやってよ」と言われて仕方なくやっている人や、誰も手伝ってくれないので不本意ながらすべての家事を担っている人も同様です。自分軸が低い人は、主体性に乏しく、どこかで誰かに支配されているか、頼っている人だといえるでしょう。

反対に、自分で「僕の好きな理科の勉強をしよう」と思って勉強している子どもや、自らの意志で家事に参加している人、自分の裁量で家事の量を調整できている人は、自分軸が高い状態だといえます。自分軸が高い人は主体性があり、精神的に自立している人だといえるでしょう。

鍵となるのは、家族一人ひとりが自分で物事を決定しているかどうか、そして、自分らしさを維持できているかどうかです。ちなみに、この自分らしさや自分軸のことを、専門用語でオーセンティシティ（Authenticity）といいます。

しかし、日本人の多くは、自分軸を持って自立することに慣れていません。自分の権利ばかりを主張してしまったり、それぞれが自由にやればいいと、自分軸と自分勝手をはき違えている人もいます。

では、どうやって家族一人ひとりが、自分軸を持って家庭とかかわっていけばよいのでしょうか。

もっとも身近な、家事で考えてみましょう。

たとえば、夫が風呂掃除をするにしても、妻に言われて仕方なくやっていても、気分はあまり良くありません。毎回「なんで俺がやらなければならないんだ」と不満を感じ続けてしまう人もいるでしょう。

そうではなく、どうせやるなら、「自分にできる家事はなんだろう」と考え、それがもし風呂掃除であれば、「僕はこれが得意だから、自分の担当にしよう」と自分の意志で決めて取り組むことです。

これならオーセンティシティも保てるし、風呂掃除が終わったときに、充実感と達成感の両方を得られるでしょう。

このように、家事ひとつとっても、主体的にかかわるのとそうでないのとでは、その後の気持ちはまったく違ってきます。自立した家族がそれぞれ主体的に家庭とかかわっていけば、自分も、そして家族も、幸せになれる可能性がぐっと高くなるのです。

「自分でも気づいていない我慢」に気づいていますか？

日本は歴史的に男尊女卑の傾向が強かった国です。昭和の家庭では、男性の家長がすべてを決定し、女性や子どもたちは自分軸を持てないということもありました。現代では、さすがにだいぶ変わりましたが、まだ過渡期にあると思います。

夫が家庭のすべてを決めていて、妻は何でもそれに従ってしまうという夫婦は、まだ案外少なくないようです。しかし、これでは、妻の自分軸が正常に働いている状態とはいえず、家庭の幸福度は低くなってしまいます。

このような場合、妻は夫の言うことにすべて納得して従っているわけではないでしょう。ちょっとした不満を感じながらも、もめるのが面倒臭くて、全部夫の言う通りにしてしまう。「私がある程度我慢していればすむことだから」と、やり過ごしてしまうのだと思います。

このような傾向は妻が専業主婦の家庭にまだ残っているのかもしれません。主婦にとっては家庭こそが自分の大切な居場所なので、そこで波風を立てたくないという気持ちが強く働いてしまうのでしょう。

しかし、その場はそれでいいかもしれませんが、妻の心の奥には確実に小さな不満が溜まっていきます。そして20年、30年と経ち、子どもが巣立ったところで、積もりに積もったものが爆発します。最悪の場合、熟年離婚になってしまうこともあるわけです。

「妻が我慢している」と書きましたが、ここは非常に根深い問題で、妻のほうで、自分が我慢しているとは気づいていない場合もあります。なんとなく違和感を感じているけれど、自分の意見を持てず、あるいは、もはや持つ気がなくなっていて、夫に従ってしまっているというケースです。

片方が片方にすべてを合わせて自分軸を封印してしまうのは、双方にとって決して良い選択ではありません。これは、夫婦でも、親子でも、兄弟でも同じです。家族それぞれが自分軸を損なうことなく、本当の気持ちを語り合いながら暮らしていくことこそが、幸せな未来につながっているといえるでしょう。

昭和なケースを例にあげました。現代では男女逆なケースもあるでしょう。いずれにせよ、あなたのパートナーが何でも自分の言うことを聞いてくれるけれど、彼・彼女は自分軸を失ってしまっているのではないかと感じるなら、少し注意してみたほうがよいかもしれません。

2人で何かを決めるときに、あなたの意見にパートナーが同意したあと、「本当にそれでいいの？　本当は△△のほうがいいと思ってない？」と、ときどき聞いてみてはどうでしょうか。毎回ではなく、たまに聞いてみるくらいでも、パートナーの気持ちはほぐれてくるのではないかと思います。

「家事を五分五分」の家庭の幸福度が高い理由

日本では、主体的に家事にかかわろうとする夫はまだまだ多くないかもしれません。そんな夫に妻はつい「ゴミ出しくらいやってよ」と言ってしまい、夫がカチンときて喧嘩になってしまう……。これではとても幸福な家族とはいえないでしょう。もちろん、逆のケースもあると思います。

パートナーにも主体的に家事に取り組んでもらうためには、まずはとりあえずひとつでもいいので、本人に選んで分担してもらうことです。その上で、「トイレ掃除をやってくれるのは、やっぱりすごく助かるな」とか、「洗濯ものを畳んでくれるようになって、とってもラクになったよ」とか、うれしかった気持ちを積極的に伝えることからはじめてみてはどうでしょうか。

パートナーも、感謝されればうれしいはずです。少なくとも悪い気はしないし、こんなに喜んでもらえるならちゃんと続けようと、より主体的に家事に取り組む気持ちになってくるはずです。パートナーに家事に参加してもらうためには、そうした積み重ねにより、主体性を持って家庭にかかわることがどれだけ大切か、少しずつ気づいてもらうしかないと思います。

この状態がうまく回るようになると、「僕（私）は今日、手が空いたから家事をするよ」といった、思いやりの会話も生まれてくるものです。

ちなみに、私がある会社と行った調査によると、家事を50％ずつ分担している夫婦は、それ以外のどの割合で分担している夫婦よりも幸福度が高いという結果が出ました。

それぞれの家庭、夫婦によって事情が異なるので、必ずしも半々にするのがベストというわけではありません。ただし、家事を夫婦で半々に分担している家庭の多くは、ちゃんと家事の分担について話し合い、それぞれが主体的にかかわっているのだと思います。

パートナーや子どもが主体的に家事にかかわるコミュニケーションとは

パートナーや子どもに主体的に家事にかかわってもらうためには、前述したように、まず、何をやるか自分で考えて、自分で選んでもらうことです。「パートナーはゴミ出しで、子どもは玄関掃除」など、自分が指示してしまうと、パートナーや子どもの主体性をあらかじめ奪ってしまうことになります。

でも、もし、どうしてもパートナーや子どもが自分たちで家事を選択できない場合は、何かひとつ簡単なことでもいいので、まずは指示して習慣化することをおすすめします。

一例を紹介しておきましょう。

お母さんが毎朝ゴミを玄関にまとめておいて、「家族は家を出るときに必ず1個ずつ持って収集所に出す」というルールだけを決めていたご家庭がありました。最初のうちは家族全員が〝やらされ感〟でやっていたのですが、何年も続けているうちに、全員が何曜日が何のゴミの日なのか覚え、そのうちに誰もが率先してゴミ出しにかかわるようになったというのです。

さらには、子どもたちの家事に対する意識も変わり、家庭内のいろいろなことが以前よりもうまく回るようになったそうです。ゴミ出しひとつでも長年継続したことが、良い結果につながったのではないかと思います。

このように、最初は義務感だけでやっていたとしても、続けるうちに家族の意識が変化していくケースもあるのです。もし、妻が1人で家事のほとんどをやっているのであれば、一度試してみることをおすすめします。

また、3歳の小さなお子さんの話では、こんな例があります。

あるとき、自分の履いていたスリッパをちゃんとそろえたので、ご両親がすごくほめてあげた。お子さんはとてもうれしかったのでしょう。それをきっかけに、家族のスリッパや玄関の靴を、黙っていても自分からそろえるようになり、そのうちに、保育園やほかの所でも、率先してスリッパをそろえるようになったそうです。

このように、周りの大人の声がけ次第で、子どもの自分軸は育ち、自主的に行動することの喜びや効果を、身をもって学んでいくことになります。何事も無理に押しつけたりせず、何かやってくれたことに対してはきちんと評価し、感謝する。こうしたコミュニケーションの取り方が、幸せな家族になるための、大事なポイントなのだと思います。

子どもへの過干渉、ほかの子どもと比べることが主体性を奪う

実際のところ、自分軸は、日本人よりも欧米の人々のほうが圧倒的に高い傾向にあります。理由はいろいろあり、本書の中で少しずつ述べていきますが、まずは家庭でのしつけや教育のやり方が違います。アメリカなどでは、子どもはかなり小さい頃から1人で寝かせるなど、日本よりも自分軸が育ちやすいしつけがされていることは、皆さんもご存じだと思います。

ときどき、「主体性を育むために、うちは自由放任主義です」とおっしゃる方がいますが、それは間違いです。子育てにおいて、しつけは必要ですし、子どもの方向性を親が修正してあげなければならないときは必ずあるからです。

かといって、過干渉はもっとよくありません。親が細かく指示を出していいのは、第一次性徴期といわれる3歳頃までです。乳児から幼児に変わってからは、基本的には何でも本人の意思を尊重すべきでしょう。もちろんその後も、親はしっかり後ろから子どもを見守っていて、大事なところではヒントを与え

たり、相談に乗ってあげる必要はあります。

実際には、親は自分の子どもが可愛いから、あれこれ口を出しがちです。本能的に苦労させたくないため、「そんなことをしたら身体に悪いよ」とか、「そんなことをすると友達関係が悪くなるよ」とか、全部先回りして言いたくなってしまうのです。

しかしそうすると、子どもはいつでも親の意見を待つようになってしまいます。そして、自分が本当はどうしたいのかよくわからなくなっていくのです。結果的に〝なんとなくみんなと同じことをやっていればいいのだろう〟という感覚が身についてしまい、いくつになっても自分の意見をちゃんと言えない大人になってしまうのです。このように自分軸が育っていない状態では、幸せになることはなかなか難しいでしょう。

また、親が子どもの自分軸を育むためには、人と比べないこともとても大事です。私たちもついやってしまうことがありますが、これは本当に気をつけなければいけません。

たとえば、「どうして○○さんちの子はサッカーの代表に選ばれて、どうしてうちの子は選ばれないのかしら」などと言ってしまう親がいますが、その子だって一生懸命練習していただろうし、優れた一面も必ず持っているはずです。それなのに、そのとき代表に選ばれなかったという一面だけを取り上げて、口に出してしまう。こうしたことを繰り返していると、親も子も不幸になるだけです。

　自分軸は、個性でもあります。人と比べて良い悪いを評価してしまうと、子どもの個性が育たなくなり、その子の自分軸は育たなくなってしまうでしょう。実際、いろいろなご家庭の話をうかがっていると、親子の確執の多くは、子どもが幼い頃から自分軸が育たない親子関係を続けてきたことに原因があるケースが多いと感じます。

　親が子どもの自分軸の成長を促すことこそ、幸せな親子であり続けるための、最重要課題と言っても過言ではないでしょう。

日本の子どもたちは、圧倒的に自分軸が育っていない

前述した「世界幸福度報告」の調査によると、フィンランド、デンマーク、ノルウェー、オランダなどが毎年上位を占めています（日本の順位等については、21ページでふれています）。中でも、オランダは、２０１９年の報告で、子どもが感じる幸せも、世界1位でした。

私（マドカ）は、5年前オランダとデンマークに、昨年フィンランドに視察に行き、小学校の先生をはじめ教育関係者の方々と、幼稚園から小中学校、職業訓練校まで、10か所くらいずつ訪問してきました。

視察に行って私が実感したのは、こうした国々の子どもたちは、自分軸のレベルが日本の子どもたちに比べて圧倒的に高いということです。

たとえば欧米の小学校の場合、「学級委員になりたい人はいますか」と言ったとき、たくさん手が上がるのはもちろん、自分がどうして学級委員に向いていると思うのか、みんなの前でちゃんと発表できます。非常に自己アピールが

上手な子や、自信の塊のような子も珍しくありません。

これに比べて日本の場合、自己アピールが上手な子が少ないどころか、そもそも立候補する子があまりいません。

なぜ日本では、自分軸が育たないのでしょうか。

それは、島国でもともと単一民族国家であったこと、歴史的背景や文化、政治体制、教育、家庭のすべてに、原因はあると考えられます。

たとえば、ドラマでも水戸黄門が印籠《いんろう》を出したら、みんなすぐに従ってしまうように、昔から日本は上が決めたことにみんなでついていく国民性がありました。その上、江戸時代には長年鎖国を経験しています。鎖国が終わってからだいぶ経ちましたが、いまもその影響は続いていると思います。

実は、日本に限らず、アジア諸国には同様の一面があり、「世界幸福度報告」を見ても、欧米諸国に比べ、アジア諸国は概して順位が低めです。これは、アジア諸国の多くが狩猟民族ではなく農耕民族だったことも関係しているのかもしれません。

狩猟民族はまさに競争社会で、強くて優秀な男性が獲物を得て、競争に勝ち抜いた者たちが生き残ってきました。しかし、農作物はみんなで協力して作らないと収穫できません。収穫できなければ、優秀な者たちさえ、飢えていくことになります。だから誰もが協力し合うように均一に育っていく必要があった。個性を磨くのではなく、みんなで一緒にやろうという考え方が、文化として根付いていったのです。

もちろん、そうした文化ならではの良い面もありますし、従来の日本にはそれが合っていたのだと思います。

しかし、時代は変わりました。グローバル化、都市化が進んだ現代社会においては、みんなが個性を出さずに協力し合うメリットは減っています。日本も個性を尊重し、自分軸を伸ばしていく方向に、政治も教育も、家庭もシフトチェンジすべき時代が来ているのです。

日本もだいぶ変わってきてはいるのですが、まだまだ過渡期にあるというべきでしょう。まずは家庭において、家族一人ひとりが自分軸を意識していくことが、これからの時代を生きる上で、幸福のための大事な鍵になるでしょう。

子どもの自分軸を家庭で育む基本とは

私（マドカ）がオランダに視察に行ったとき、オランダ人がこんなことを話していました。私たちはたくさんの移民を受け入れているので、他の国から来た人たちとも、共に生きていかなければならない。だから、お互い自分たちの意見を主張しつつ、協調し合って生活していくにはどうすればいいのか、小さな頃から叩き込まれて育つのです——と。

こうした背景を持つ欧米諸国の人々は、「みんな違って、みんないい」ということを、最初からわかっています。それぞれ自分の意見もちゃんとあるし、意見が違っていても、攻撃されたようには感じない。その人らしさ＝個性として認め合っています。自ずと自分軸は育ちやすくなるでしょう。

日本人も、誰しも2年くらい海外に住んでみれば、自分軸はすごく育つと思いますが、実際にはなかなか難しい場合もあるでしょう。

日本に居ながらにして、工夫次第で海外の人々との接触を増やすこともできると思います。日本を訪れる外国の方も増えたし、いまはＺＯＯＭやＳＮＳを活用して、実際に会話を交わすこともできます。

そして、何より、子どもは家庭の影響を受けます。ですから親が自分軸の大切さを認識していて、そういう気持ちを持って子どもたちに接していれば、ちゃんと自分軸を育むことは可能だと思います。

親は、子どもが小さいときから、その子の意見や気持ちをちゃんと聞き、できる限り本人の意思を尊重すること。そして、人と比べて劣っているところを指摘したりせず、優れているところを個性として認めてあげること。

これらが、子どもの自分軸を育むための、基本中の基本なのです。

幸福のピース2

「成長因子」が
家族をワクワクさせる

小さなチャレンジが「成長」につながる

「成長因子」とは、「未知な事象に対峙して新たな学びを得たり、能力の高まりを期待することができている状態」のこと。つまり、「日々、新しいことにチャレンジし、少しでも人間的に成長していると感じられるかどうか」が、この因子のポイントになります。

人は何歳になっても、それこそ90歳になっても１００歳になっても、成長し続けている限り幸せでいられる可能性が高いことがわかっています。

しかし、私たちは子どもの頃や若いうちは自然と成長を重ねていきますが、大人になると、ついつい成長とは無縁だと思いがちです。

大人の場合、成長というと、まず仕事の技術や成績が思い浮かぶかもしれません。もちろん、スキルが成長するのも良いことですが、ここで言っている成長は、もっと広い意味での、人間としての成長です。

例えば仕事をしていない専業主婦の方の場合、料理や掃除が上手くなったということだけが成長ではありません。昨日よりも優しさが深まった、夫に対するコミュニケーションの仕方が少し上達した、子どもに対して優しい声がけができた。これらはすべて、人間的に成長した結果です。

「成長」というと、ハードルが高い印象がありますが、昨日よりちょっと違う自分になっていればいいのです。生活の中で何かしら小さなチャレンジをしていればいい。たとえ結果が出ていなくても、挑戦しただけで、人は必ず成長します。

昨日の自分より今日の自分がほんのちょっとでも違っていることに気づいた瞬間の喜びは、とても大きいものです。それを日々少しずつ繰り返していくこと――それがつまり、幸せなのです。

成長因子においては、「満喫」もキーワードです。たとえば、習い事や趣味をやっていても、ただ漫然と通うだけでは成長につながりません。全身全霊で楽しもうという気持ちで臨んでこそ、満喫することができ、新しい気づきや成長へとつながっていきます。

スポーツでも、芸術的な趣味でも、何でも同じです。真剣に取り組んだ結果、テクニックが上がれば喜びを感じるでしょうし、テクニックが上達しなくても新たな発見や気づきがあれば、それも成長です。

　ですから、まずは休日に思い切り好きなことをするだけでもいいのです。ある調査では、私生活が暇な人よりも、忙しい人のほうが幸せな確率が高いという結果が出ています。休みの日、「仕事で疲れているので、家でのんびり休む」とか「特に趣味はないので、一日中テレビを見て過ごすことが多い」といった人よりも、サークル活動やボランティア活動などで、アクティブに休日を過ごしている人のほうが幸福度が高かったのです。

　家族一人ひとりが、ワクワクやトキメキを大切にして、小さな気づきを少しずつ、何度も積み重ねていく。そして、ちょっとしたことで「成長ってやっぱり大切だな」と、また改めて気づく。この繰り返しが、その人と家族を幸せに導いていくのです。

家族の成長を発見・実感することで、相互に幸せになれる

特に夫婦は、お互いに成長していることが、一緒にいる喜びに直結していると思います。

妻からしてみると、夫から、「今日、こんな人に会ってこんなすごい話を聞いた」「こんな仕事をはじめた」「こんなことに気づいた」という話を聞くのは、純粋に面白いですし、刺激的です。本人がそれを経て成長していることが伝わってくると、聞いている側まで幸せになってきます。

もちろん、妻が成長している話を、夫が聞いている場合も同じです。そういう夫婦はずっと一緒にいて話をしていても、いつまでも飽きません。相手が成長し続けているからこそ、相手に興味がわくものです。お互いの成長こそ、夫婦円満の秘訣といえるでしょう。

そして、夫婦がそういう状態であれば、子どもも自然と成長します。子どもは、言葉で理解するだけではなく、全身で親の生き方を感じ取り、学び、成長していきます。ですから夫婦がお互いに成長していれば、子どもにも良い影響を与えるのは明らかで、まさに「子は親の背中を見て育つ」です。

子どもの成長を望むあまり、親があれこれ口を出し過ぎるのは、逆効果です。

そもそも子どもは、自分で理解して納得しない限り、ただ言葉で言われても心から納得することはありません。親がどれほど口調を強めたり、同じ言葉を繰り返したところで、聞かないことは聞かない。スルーするだけです。

すると多くの場合、親としては余計にいらだちが募ります。「私はあなたのことを思ってこんなに時間を使っているのに、どうして全然わかってくれないの」と親が子どもに不満をぶつける、不幸な構図ができあがってしまうのです。

おそらく親がそうなってしまうのは、自分自身がそうやって、親からいつも口出しをされて育ってきた記憶があるからでしょう。

こうした負の連鎖を断ち切るには、やはり、親自身が成長するしかありません。自分とは違うタイプの友達や人々と出会って話を聞いたり、自分自身でいろいろなことを学び反省し、自分が変わることで新しい親子のコミュニケーションを学んでいくしかないでしょう。変わるということは、自分の幅が広がることであり、成長していることにほかなりません。

そうした意味では、人間、１００％自分と同じ考えを持っている人は存在しませんから、夫婦が互いに自分と違う部分を感じながら、影響を受け合い変わっていくことは、それだけで成長につながるはずです。

人は、自分が幸せにならないと他の人のことは幸せにできません。ですから家族においても、まずは、自分の成長を考える。それから、夫婦であれば、相手の成長を自分と同じくらい大事に考える。その上で、子どもの成長については、自分の成長の10分の1くらいのウエイトで考えるのがよいと思います。過干渉になるよりも、自分たちが成長している姿を見せることで、のびのびと育ててあげるほうが、子どもは成長するでしょう。

ただし、親が、子どものちょっとした成長に気づいてあげることは大切です。特に幼い子どもは毎日必ずちょっとずつ成長しているので、気づいたときは、「そんなことがわかったんだ。面白い見方だね」とか、「前よりも上手になったね」と、声をかけてあげましょう。子どもは大きな喜びと達成感を味わえ、確実に小さな成長を遂げるはずです。

親が成長する姿を見せることで、子どもも成長する

我が家の場合、家族で食事をするとき、夫は「今日、俺、いいことがあったんだ」「仕事でこんな発見があったんだ」と、子どもたちにもいろいろな話をします。大学教員という職業柄かもしれませんが、夫は子どもたちに仕事の話や日々感じたことを積極的に話しますし、子どもたちも、自分の父親がどんな仕事をして日々どんなことを感じているのか、かなり知っているほうだと思います。

実際には、コロナが流行するまで、夫は仕事で家にいない時間のほうが圧倒的に長かったですし、子どもが中学生くらいになってくると、子どもも外出が増えてくるので、家族全員で食卓を囲む機会は決して多くはありませんでした。

それでも子どもたちが、自分たちの父親がどんな仕事をしてどんな日々を送っているか知っていたのは、家族の中で家にいる時間が比較的長い妻が、「隆司さんが、いまはこんな仕事をしていると言っていたよ」「隆司さん、職場で

こんなことがあったんだって」「隆司さんの影響で、私もこんなことをはじめたの」と、それぞれ子どもたちと顔を合わせるたびに、話し続けていたからだと思います。

別に無理に意識してやっていたわけではありません。妻はただ、夫の成長が楽しく、興味深いから話していただけです。でもそれが、父親と一緒にいる時間の短い子どもたちが、父親の成長を感じとる結果につながったようです。
ただし、親が子どもと顔を合わせるたびに、「自分はこれだけすごい仕事をしているんだ」「自分はこうして成長したんだ」と、押しつけがましくしゃべり続ければいいというものではないでしょう。
「こんなことがあったんだよ」と、思わず語ってしまうのはいいと思いますが、その人が成長したかどうかは、本来、言葉ではなく、雰囲気に出るものだからです。

あくまでも大切なのは、まずは親がちゃんと世の中の役に立つ大人として生きよう、成長しよう、としていること。その姿勢さえあれば、何度も言葉にしなくても、あまり顔を合わせる時間がなくても、子どもには、どこかでちゃんと伝わるものだと思います。

失敗も上手に会話することで、次へのステップになる

家族でお互いの成長について語り合うことは、家族の成長のために大切ですが、「失敗や敗北、不安感などについて語り合ってはいけない」、というわけではありません。「今日、こんな失敗をした」「こんなことで悩んでいる」という話があっても全然いい。会話の持っていき方次第で、それが成長につながることも、大いにあります。

たとえば、家族の誰かが自分の失敗について語ったときは、まず、「大変だったね。でも、いい経験したんだね」と返してあげましょう。そうしたひと言があれば、本人も次のステップにつなげる何かを、その失敗から見つけることができるはずです。

特に、失敗した子どもへの声がけが非常に大切だというのは、アメリカに住んでいたとき、私たちは何度も実感しました。

たとえば、子どもが野球の試合で三振したとします。日本の監督の場合、「次はバットの角度に注意してみよう」など、つい先にアドバイスしがちです。しかしアメリカのコーチは、まず「ナイス・トライ！」と言う人が少なくありません。チャレンジしたことをまず評価してくれるのです。

目の前で転んでしまった子どもに対しても、日本のお母さんはつい「ほら、危ないって言ったでしょ」と言いがちです。あるいは「大丈夫？」でしょうか。しかし、アメリカの場合は、まず「グッド・ジョブ！」と言って子どものチャレンジ精神を称えます。

失敗しても、転んでも、大人たちがそれを受け止めてくれれば、子どもたちは恐れずにいろいろなことにチャレンジする人間に育っていくはずです。しかし、アメリカに比べると、日本はどうしても、できなかった部分に注目しがちです。野球の試合であれば、たとえ勝ったとしても「反省会」を開きます。名前からして反省会です。そして、勝ったことやうまくいったことにはあまり注目せず、できなかったことに注目して振り返る傾向があるようです。

反省点ばかりに注目すると、どうしても気持ちが落ち込んでしまいます。次にやるときのハードルも上がり、億劫になるし、モチベーションも下がりがち。

これは本当にもったいないことです。

何事も、まずはうまくいった部分に注目し、その上で失敗点を押さえたほうが、得られるものも多いのではないでしょうか。そうすれば楽しみやワクワク感も高まり、次はこうしてみよう、今度はあそこを改善してトライしてみようと、チャレンジする気持ちが湧き上がってくるでしょう。

大切なのは、家庭内の問題を夫婦2人で乗り越えようという姿勢

結婚して、新しい家庭を築くということは、それ自体が大きな成長の機会です。別々に暮らしていた人間同士がひとつの共同体として暮らしていくのは、簡単なことではありません。ぶつかることもあるし、ネガティブな気持ちになることもあるでしょう。互いに相手を理解する気持ちを持って、それぞれに成長していかなければ、幸せな家庭を築くことはできません。

夫婦が同じくらいのスピードでともに成長していければ理想的ですが、ある

ときは片方だけが成長し、もう１人は理解できずに喧嘩になることもあると思います。しかし、そんなときでも、夫婦の成長の機会だと前向きにとらえて真摯に向き合えば、やがてもう１人も必ず成長できるでしょう。

子どもがいる家庭の場合、子育てそのものが、親が成長する絶好の機会です。そもそも子育ては、子どもだけが学び育つものではありません。親や祖父母など、大人たちこそが、新たな学びを得て成長していける時間なのです。

人は子どもができると、いきなり親になります。これは、交通ルールもわからない、自動車の免許も持っていない完全な素人が、突然道路に放り出されて運転するようなものです。どう考えても、親は最初、超未熟。うまくいかないことをたくさん経験します。夫婦同士で、親子で、家族で、喧嘩も起きるでしょう。しかも、子どもはどんどん成長し、いつまでも変化があるので、そう簡単に子育ては完了しません。

ですから子育ては、子どもよりも、むしろ親が成長する機会だととらえたほうがいいと、私たちは思っています。最初からそう思っていれば、困難にぶち当たっても２人で成長して乗り越えようという気持ちに、自然となれるのではないでしょうか。

実際には、保育の負担を押しつけ合ってしまったり、教育方針の違いで話が合わなくなったりして、わかり合えないまま年月を過ごしてしまう夫婦も少なくないようです。途中で子育てを妻に任せてしまい、夫は仕事ばかりしているケースも多いでしょう。

子育てに限らず、夫婦が家庭内の問題を2人で乗り越えようとせず、コミュニケーションを放棄したまま時間を積み重ねていくということは、お互いにパートナーとして成長しないまま時を過ごすことを意味しています。こうした時間が積み重なると、50歳、60歳になったとき、どんな夫婦になっているでしょうか。残念ながら、熟年離婚という悲しいケースも出てくるでしょう。

「成長」は何歳になっても「幸せ」に大きく寄与する

一般的に、子どもがいる家庭では、子どもが大学生くらいになると、親は「もう自分のやるべきことは終わった」と思いがちです。子どもがいない人も、定年退職する年齢になると、「もう自分の人生、これでだいたい十分だろう」と、どこか満足してしまうようです。

でも、人間は、子育てが終わっても、仕事を辞めても、いくつになっても自分なりの成長を考えるべきです。たとえ孫がいる年齢になっても、新たな生きがいを見つけ、自分の可能性を探りながら成長を目指す。これが、人間がいつまでも幸せでいることにつながるのだと思います。

そのヒントとなるのは、「尽きない好奇心」です。

たとえば、我が家の夫の母は、現在81歳です。4年前に夫を亡くし、身体は多少弱っています。それでも先日、「家族で一緒にハワイに行きましょう」と誘ったところ、喜んで同行してくれました。

英語ができるわけでもないし、特別体力があるわけでもないので、一般的には、「自分は行かない」という選択もあるでしょう。あるいは、行ったとしても、ほとんどホテルにこもって過ごしてしまうという人もいるでしょう。

ところが母は違いました。「あなた方が私も喜ぶと思って組んでくれたプランなら、喜んでついていきます」と、前向きに旅行に参加してくれたのです。

それもただ言われるがままについていくのではなく、積極的に自ら楽しもうと、旺盛な好奇心を発揮していました。

たとえば、すごく大きなハンバーガーのお店に行っても、「こんなに大きいのは、日本では見たことがないね」と言って、一緒に面白がりながら全部食べていました。どこへ行っても、言葉がわからなくても、見るべきものは興味を持って見、聞くべきものは聞き、景色も体験も、幅広く楽しんでいたのです。

もちろん疲れたとは思いますし、私たちも様子を見ながら、配慮して行程を調節する必要はありました。それでも、母の旅先での好奇心が、81歳の彼女を新たな学びに導いたことは間違いありません。これはとても素晴らしいことではないでしょうか。

思い切って異文化に飛び込むのは確かに刺激的ですが、何も、無理して海外に行く必要はありません。国内でも行ったことがない場所を旅してみたり、行ったことがある場所でも、たとえ近所であっても、やってみたかったことや、見逃したものがあれば、そこをもう一度訪ねるだけでも、人は成長できるはずです。

母の場合、ハワイという異国を訪れたことで、大きな手ごたえをつかんだのでしょう。日本に戻ってから、日々の生活の中で、喜びや楽しさ、面白いことを見つけるのがさらに上手になった印象があります。「今日は雲が本当にきれいだね」とか、「庭木が大きなつぼみをつけたの」とか、小さな幸せを感じられるポイントがどんどん増えていったように思います。

それはきっと、自ら積極的に刺激を得ようとしている結果だと思います。体力は衰えていっても、心はどんどん元気になっていて、以前よりも幸せそうに見えるようになりました。

成長というと、仕事や勉強などを思い浮かべがちですが、本当に大切なことは、そこではありません。日々の生活の中でどんなワクワクやトキメキを発見し、どう喜びを感じていくのか。こうしたことを積み重ね続ける人は、いくつになっても成長を続けるし、結果的に幸せになれるのだと思います。

人のためになることにチャレンジする

何事も一生懸命取り組めば成長の可能性は高まりますが、できれば人のためになることにチャレンジしたほうが、さらによいでしょう。

たとえば、世の中には仕事とゴルフばかり一生懸命やっている人がいます。確かに仕事で結果を出し、ゴルフも上達しているのですが、どこか自己完結して自分のことばかり考えている印象があり、残念ながら、あまり幸せそうには見えないケースがあります。

その点、ボランティアや地域活動など、人のためになることをやると、確実に世界が広がるし、責任感も高まり、人に喜んでもらえるので達成感や充実感も大きくなります。

我が家の場合、夫から見て、妻が格段に成長したと感じたのは、ＰＴＡ会長を経験したときでした。ＰＴＡの活動をはじめてから妻はどんどん成長し、最終的に広い講堂で大勢の生徒さんを前に素晴らしい挨拶をしていた瞬間は、本当に輝いていました。

実は会長のお話を最初にいただいたとき、妻は「副会長ぐらいならできるかもしれないけれど、会長はさすがに無理」と判断し、お断りしてしまったそうです。その話を聞いた夫は、「誰でもＰＴＡ会長を経験できるわけではないし、何より、自分が成長できるものすごくいい機会。こんなチャンス滅多にないので、受けてみては」と、言ったのです。

一般的には、「そうは言っても実際にやるのは私だから、やっぱり無理」と断ってしまう人も少なくないかもしれません。しかし妻は違いました。すぐに「なんて大切なチャンスを逃そうとしてしまったんだろう」と思い直し、自分から電話をかけて、「もし、まだどなたもいらっしゃらないようでしたら、私がやります」と申し出たのです。

日本では、欧米に比べるとなかなかボランティア活動が一般に広がりません。ボランティアには、人の役に立つというポジティブな印象と、時間をとられるし何かと面倒だというネガティブな印象があるでしょう。確かにどちらも正直な印象であり、間違いではありません。しかし、いまの日本人はネガティブな面ばかりを強く意識する傾向にあるようです。

先にふれた「世界幸福度報告」など、いくつかの調査では、日本は欧米に比べて幸福感が低いことがわかっています。特に物事をネガティブにとらえる傾向が強く、自己肯定感も低いことが原因だろうと考えられます。

日本人は、もう少し物事をポジティブにとらえてもよいのではないでしょうか。そのほうがボランティアをはじめ、いろいろなことにチャレンジしやすくなるし、幸福度も上がるでしょう。

不運な出来事や困難に出くわしても、成長できる機会だととらえる

私（マドカ）にとってＰＴＡの会長をやった8年間は、かけがえのない経験となり、大きな成長と喜びを得ることができました。もともと前向きな性格ではあったのですが、成長する機会に対して積極的に取り組んだ結果、以前にも増して前向きな性格になったと感じています。

いまでは、何が起きても落ち込むことはほとんどなくなりました。それは、

何か思わぬことに出くわしても、「これを乗り越えることで、また自分は成長できる」「成長できる機会が与えられた」と、ポジティブに物事をとらえるようにしているからだと思います。

実は、5年前、乳がんが見つかり手術を経験しました。がんが見つかると、やはり、落ち込んでしまう人は少なくありません。告知や手術、治療を通して、鬱《うつ》になってしまう人もいます。でも、私の場合、悪くなる前に自分で発見できたし、手術室が急に空いて予定より早く手術ができたし、「本当にラッキーだったな」という印象ばかりが残っています。

手術当日、日程が急に変更になったことで、もともと海外出張の予定が入っていた夫は付き添えませんでした。私1人で入院し、手術を受けてきましたが、ニコニコしていたからか、「あなたは付き添いの方ですね？」と看護師さんに間違われるほど、精神的に安定していました。

退院後は放射線治療も25日間やりましたが、問題なく乗り切ることができました。がんという病気について知識を得る機会にもなったし、はじめての経験をいろいろしたことで、少し成長できたかなと思っています。

入院中は、「お母さんは超ラッキーだから大丈夫！」と、子どもたちと夫が書いてくれた寄せ書きからも元気をもらったことや、もともとの楽観的な性格も影響したでしょう。

でも、何事も成長の機会だと前向きにとらえられるようになったことが、精神的にも肉体的にも、良い影響を及ぼしてくれたのではないかと思っています。

幸福のピース3

「リフレッシュ因子」が家族の笑顔を増やす

「公園の散歩」が、最も簡単で効果絶大なリラックス法

「リフレッシュ因子」とは、「精神的・身体的にも英気を養うことができていたり、私生活が安定している状態」です。家族それぞれがリラックスできる環境にあることは、幸せな家族にとって必要不可欠です。どんなに日々が充実していたとしても、心と身体をリラックスさせることができなければ、人は疲労が蓄積し、やがて幸せから遠ざかっていくことになるでしょう。

気持ちを切り替える方法は、家庭内にもいろいろあると思います。もっとも身近なリフレッシュ方法としては、深呼吸やストレッチ、入浴、半身浴などがあります。アロマや音楽を楽しんだり、読書で内面からリフレッシュするのもよいでしょう。

リフレッシュというと、リフレクソロジーやマッサージ、サウナなど、お金を出して誰かにやってもらうリラクゼーションを求める人が多いようです。もちろんこれらも効果的なリフレッシュ方法ではあるのですが、実は、もっと手

軽で、お金がかからないおすすめの方法があります。

それは、公園の散歩です。ある研究によると、リラクゼーションよりも公園の散歩のほうが幸福度が高まるという結果が出ているのです。

最近、「コロナで家にこもっていて疲れます」という人が多いですが、もっと近所を散歩すればいいと思います。屋外ですから感染症リスクは比較的低いですし、家の近くの小さな公園まで行って、しばらく空気を吸って帰ってくるだけでも、リフレッシュになります。

結局、緑に接すると、人間はリラックスするようです。歴史をさかのぼると、原始生活では、人々は森の中に住んでいたわけですから、本能的に緑があるとほっとするのでしょう。

特に、大きな樹木などに接することができれば、より効果的だと思います。じっくり木をながめてみてください。木は何十年、何百年という長い時を経てそこに存在しています。ゆったりとした時の流れを感じさせるし、何があっても動かずに力強く存在する姿は、見ているだけで癒しになります。人間の頭は細かな情報処理で常に疲れているので、どーんと構えている大きな木に接するだけで、気持ちがラクになるはずです。

なかなか外に出られない場合は、家庭内に緑を持ち込むことをおすすめします。一番簡単なのは、室内に鉢植えなどを置くこと。ベランダ菜園もいいですね。食べられない植物でも、鑑賞用の植物でもかまいません。

特に、種や苗から育てると、芽が出て茎が育つ様子を観察できるので、育てる喜びが感じられ、いっそうリフレッシュできるでしょう。窓から屋外の植物が見える環境なら、カーテンを開けて、ときどき緑に目をやるだけでも、効果はあると思います。

テレビやスマホとのリラックスできる付き合い方

私たちはほとんどテレビは見ないのですが、「家にいる間はずっとテレビをつけている」という人がいます。本人はリラックスするつもりで見ているのかもしれませんが、案外疲れるのではないかと想像しています。特にいまはコロナや災害のニュースなどの話題が多く、ずっと見ていると、気持ちがマイナスに傾きやすいのではないでしょうか。

もっと気になるのは、いつでもどこでも、ずっとスマホを見ている人です。下を向いているだけでも、人間の気持ちが落ち込むことが科学的にわかっているので、これはおすすめできません。

もちろん、テレビもスマホも完全に禁止する必要はありません。一日に見る時間を決めたり、せめて寝る前だけは見ないとか、何かしらルールを決めて楽しむのがよいと思います。食べ物も食べ過ぎれば毒になるのと同じで、過度に見ると、依存症的になってしまいます。

スマホもテレビもお酒と同じで、適量であればリラックス効果も期待できるでしょう。

たとえば、お笑い好きな人が、仕事から帰ってきて1時間だけお笑い番組を見て大笑いする。音楽好きな人が、毎週2回だけ、音楽番組をじっくり楽しむ。これらは、上手な活用法だと思います。

要は、使い方次第でしょう。結局ここも、自分軸＝主体性と関係しています。テレビもスマホも、単に利用時間の問題ではなく、自分から能動的に活用しているのであれば、問題はありません。ゲームだって、自分でルールを決めて気分転換に利用するなら、リフレッシュになるはずです。

逆に、受動的に何かを見るだけという状態だと、本当のリラックスにはつながりにくいでしょう。インプットよりもアウトプットをする主体性が大切なのです。

ポイントは、ずるずると利用しないこと。漫然と使い続けているだけだと、リフレッシュどころかかえって消耗してしまい、幸福度が下がる結果になりかねません。

マインドフル・イーティングや
マインドフル・テイスティングで心を整える

誰もが家庭で手軽にできるリフレッシュ方法に、マインドフルネス瞑想があります。マインドフルネスとは、いまの時点にだけ意識を集中することを意味しています。

人間は、多くの場合、やらなければならないことに追われていたり、悩みを抱えていたりするため、心が散らかった状態にありがちです。短い時間でも、瞑想で頭の中を空っぽにすることができれば、リフレッシュされ、結果的に幸せになりやすいことが知られています。

ただ、皆さんも経験があると思いますが、「頭の中をからっぽにして瞑想しましょう」と言われても、次々と雑念が湧いてきて、なかなか集中できないものです。

そこで私たちがおすすめしているのが、「マインドフル・イーティング」です。やり方は簡単で、たとえば、1人でご飯を食べるとき、ひと口分を口に入れたら、目をつぶってその味にただひたすら集中するのです。頭を空っぽにするのではなく、しっかり食べ物を味わうだけですから、誰でも割と簡単にできます。

瞑想のために、食べ物を媒体として使うだけなので、食事ではなく、口に入れるものは何でもかまいません。ただし、干しブドウのように、時間をかけて味わえる、味わい深いものがおすすめです。

食べ物の味に集中している間は、日々の悩み、やらなければならないこと、仕事や家庭の問題などを頭から消し去ることができます。たとえば、子育てに悩んでいたお母さんも、しばらくの間悩みから解放されるわけです。そして、短い時間でもリフレッシュできれば、お母さんの疲れも癒され、子どもに対して優しい気持ちを持てるようになるはずです。

1人でただじっくり食べ物を味わうだけですから、誰でもすぐに試せます。複数で会話しながらの食事が感染拡大につながるといわれているコロナ禍において、ちょうどよいリフレッシュ方法といえるかもしれません。

ちなみに、私（マドカ）が開いているワークショップでは、ハーブティーを使ったマインドフル・テイスティングを行っています。10種類くらいのリーフをブレンドしたティーを飲みながら、五感を開いてその味と香りに集中するのです。

ハーブティーは香りが高く、温かい飲み物が喉を通る感覚も感じられるので集中しやすいと思います。もちろん、普通の日本茶、紅茶、コーヒーでもよいでしょう。

なお、マインドフルネスは1人で心を整えるためのものなので、基本的に1

人でやるものですが、リフレッシュという意味では、友達とお茶を飲んで軽くおしゃべりしたり、家族でよく味わいながら楽しく食事をするだけでも、もちろん気分転換になるでしょう。

不確実な時代こそ、リフレッシュが大事

一般的な家庭の場合、これまでは、家族は昼間それぞれ外で活動していて、夕方や夜になると家に戻り、そこで顔を合わせるのが普通でした。

それが、コロナが流行している社会では、場合によっては朝から晩まで家族全員が家の中で一緒に過ごすことになりました。お互い疲れている場合には、喧嘩も起きやすくなっているでしょう。

人は、ずっと同じ空間の中に入ると、いままでは気づかなかったことに気づき、気になりはじめるものです。

たとえば、親からすれば、自分の子どもが家でこんなにゲームをしていたのかと、驚くかもしれません。すると、子どもがちょっとゲームをやっているだ

けでも気になってしまい、つい「ゲームばっかりするもんじゃない」と言ってしまう。子どもは子どもで、「いままで通り、勉強の合間に気分転換していただけなのに」と、不満を感じるはずです。いつも親に監視されている気分になり、「もう、家にいたくない」と感じるようになってしまうかもしれません。

これから私たちは、家庭内においても、〝新しい日常〟を作っていかなければなりません。コロナが流行しているいまこそ、家族が意識してリフレッシュを心がける必要があるのです。

まずは、家族それぞれが、1人になる時間を確保することです。近くの公園に行ったり、家の周りをぐるりと散歩してくるだけでもよいので、意識的に、1人で外に出る時間を作ってみましょう。

その上で、夫婦や親子で外に出る時間も確保するとよいと思います。家の中でずっと顔を突き合わせているのと違い、一緒に外の空気を吸うだけでリフレッシュになります。バドミントンやキャッチボールをしてみるなど、少し身体を動かせば、コミュニケーションもとれるし、より効果的だと思います。

なお、コロナが流行っているいま、高齢者の方々は、家からほとんど出られず、ストレスが溜まっていることが多いようです。

高齢者の方々にとっても、リフレッシュは大切です。一緒に公園を訪れたり散歩できれば何よりですが、無理にどこかへ行かなくても、おいしいお茶菓子を買ってきて一緒に食べるだけでもリフレッシュになるはずです。親はいくつになっても、子どもと一緒にいるだけでうれしいものです。

ちなみに、そういうときは、自分の子どもたちも一緒にいられるといいですね。おじいちゃん・おばあちゃんも、孫と過ごせるのは楽しいものですし、子どもたちにとっても、世代の離れた人々と関係性を築く上で、学べる機会になります。自分の親が祖父母をいたわっているのを見て育った子どもは、社会に出てからも、年配の人々に対する気配りが自然とできるようになるでしょう。

家族旅行でリフレッシュするにも努力が必要

家族旅行は、家庭の一大イベントです。旅先で楽しく過ごすことができ、良い思い出が作れれば、それは最高のリフレッシュになると思います。

　でも、実際には、普段、あまりコミュニケーションがとれていない家族が突然旅行に行ったりすると、旅先でさまざまな問題が起こってしまいます。

　家族とはいえ、それぞれ好みもペースも違います。「もっとショッピングがしたい」「観光はもういいから宿でゆっくりしたい」「せっかくここまで来たのだから、行きたいところが別にある」などなど、事前に相談せずに出かけてしまうと、現地で意見がぶつかるのは当然です。

「親しき仲にも礼儀あり」です。家族旅行だからと何も考えずに行ってしまうと、旅先で喧嘩になり、ただ疲れて帰ってくる結果になりかねません。これでは本当にもったいないと思います。

　家族旅行を楽しいものにするためには、やはりある程度の努力は必要です。大切なのは、事前によく話し合っておくこと。あとで文句を言い合うくらいなら、事前にそれぞれの要望を出し合っておくべきです。その上で、お互い譲れるところは譲り合い、部分的には別行動と割り切るなど、具体的な対策を立てておくのです。

　よく「面倒臭いから、全部決めといてくれていいよ」と言う人がいます。

でも本当にどんなプランでも満足するかというと、こういう人に限って、あとで文句を言いがちです。本当に任せるなら、あとで文句は言わない。そうでなければ、ちゃんと事前に自分の意見を伝えるべきです。

そもそも、〝お任せ〟では主体性がありません。どうせ家族旅行に出かけるなら、家族の誰かが誰かに無理やり合わせたり、任せきりにするのではなく、お互いに積極的にかかわって、楽しいプランを組み立ててから出かけるのがおすすめです。ちゃんと事前に話し合えば、みんなが満足できる旅にする手段は、きっと見つかるでしょう。

家族とのキャンプが、幸福学からのおすすめ

どんなご家庭でも、子どもが中学生くらいになって部活がはじまると、日程が合わなくなって家族旅行の機会は減っていくものです。ですから、子どもたちが小さいうちにできるだけ家族旅行をして楽しかった思い出を作っておくことは、幸せな家庭を築く上で、とても大切なことだと思います。

その体験があると、大きくなってからも、「そういえば家族で行った旅行は楽しかったな、あそこにまた行ってみようかな」という気持ちになります。そうした体験がないままに大きくなってしまうと、面倒だと感じるばかりで、もう二度と家族旅行に行かなくなってしまうでしょう。

ここで、幸福学者として、子どもが小さいうちに、みんなでリフレッシュできるおすすめの家族旅行を挙げておきましょう。

それは、全員で同じ体験ができる、キャンプです。

まずキャンプは緑に接することができます。これだけでリフレッシュ因子のひとつになります。

テントを作ったり料理をしたり共同作業が多いので、親も子も、家にいるときとは違った形の、新鮮な体験ができます。コミュニケーションをとる絶好の機会になるし、父親の活躍を見た子どもたちが、「お父さん、すごいな！」と感じる機会にもなるでしょう。

実際、キャンプに行くと、子どもたちは自らゲームを手放し、大人たちを手伝ったり、緑の中を走り回ったり、カブトムシを獲ったりしはじめるものです。

つまりキャンプは、リフレッシュはもちろん、自分軸や思いやり、協調性も育ちますし、自分の役割を感じたり、みんなと協調することも覚える、幸福になるための因子がそろった、またとない機会なのです。

私たちも、子どもが幼稚園のときのご近所の4、5家族で、子どもたちが小学校高学年になるまで、毎年、夏休みにキャンプに行っていました。緑の中でいろいろな体験ができたし、子どもは子ども同士遊んでくれるので、大人たちだけで話をしたり、お酒を楽しむこともできました。

子どもが中学生くらいになると日程が合わなくなって、少しずつ行く機会が減ってしまいましたが、子どもたちも、当時のことはよく記憶に残っているようです。大人たちは未だに集うこともあるし、自分たちだけでキャンプに行こうという話も出ているくらいです。それほど楽しい思い出として、私たちの心に刻まれているのです。

ただし、キャンプは向き不向きがあるので、無理をする必要はありません。

虫が嫌いなお母さんや、アウトドアが苦手な人もいると思います。そういう場合は、無理にテント泊にすることはないでしょう。

いまは、とても素敵なグランピングが注目されていますし、きれいなロッジがついているキャンプ場もあります。キャンプ場で寝泊まりするけれど食事は近くのレストランでとるなど、家族の要望や都合に合わせて、自分たちのスタイルを見つけて楽しむことをおすすめします。

子育て中、月に1日の自由な時間でリフレッシュできた

私たちには、長男と長女、2人の子どもがいます。いまはもう、2人とも成人しましたが、子どもが幼なかった頃、子育ての負担は専業主婦だった妻に偏りがちでした。当時、夫は多忙で家にいないことが多く、妻はなかなかリフレッシュできない状態にあったわけです。

でも、私（マドカ）がいま振り返っても、当時の状況に不満はまったくありません。それは、子育てを担っている私に対して、夫が思いやりのある態度で接し、できる範囲で彼なりにちゃんと協力してくれていたからです。

くわしくは「思いやり因子」でもふれますが、子育てに奮闘する私を見て、

夫と話し合って「マドカの日」を作りました。

これは、月に1日、夫が家で子育てを含めた家事のすべてを担当してくれる日です。私は朝から晩まで自由であり、どこに行って何をしていてもよいのです。ご飯の心配も子どもの心配もしなくていい。私は、マドカの日に美容院を入れたり、買い物をしたり、映画に行ったり、友達とお茶をしたりして過ごすことができ、とてもリフレッシュできました。

小さな子どもがいる私の友人たちは、たまに外出できたとしても、夕方までに帰らなければならないなど、夫に対して何かしら約束をして出て来ていました。そうなると、ずっと帰る時間を気にして過ごすことになるので、心からリフレッシュできていないケースも見受けられたのです。

その点、マドカの日は、外に出ている間、子育てや家事から完全に自分を切り離すことができ、とてもリフレッシュできました。月に1日でも、すごくうれしかったし、その日を楽しみに、またもう1か月、頑張ることができました。

ひと月に1回は少な過ぎて不平等では、と感じる方もいらっしゃるかもしれません。もちろん割合は夫婦ごとに違うと思います。うちの場合、夫の仕事が非常に忙しく、週に7日、毎日夜の10時や11時まで働いている状態だったから、こういうバランスになったということです。

極めて忙しい夫がそういう日を作ってくれること自体、私が頑張っているのを理解してくれている証です。おかげで私はストレスを感じることもなく、子育てを一緒に乗り切ることができました。

子どももすっかり成長し、最近は「マドカの日」ではなく、「マドカとデートする日」になりました。月に1回、子どもたちはほったらかしておいて、夫婦2人だけで出かけ、ミュージカルを見に行ったり、食事に出かけたりしています。こうした日は、私にとっても夫にとっても、精神的なリフレッシュになっていると感じています。

幸福のピース4

「思いやり因子」が家族を優しくさせる

幸せなのは、人のためになることをやっている人

「思いやり因子」とは、「自分がかかわる他者や社会に対して良い影響を与え、役に立てていると思えている状態」です。つまり、「思いやりを持って周りの人々に接し、何かしら貢献している実感がある」ということです。

この場合の「貢献」は、家庭の中で家族の誰かに貢献している、という意味と、ひとつの家族としてボランティア活動などを通して社会に貢献している、という意味の、両方を含んでいます。

家族同士、誰かのために何かを手伝ってあげる、社会貢献のゴミ拾いに参加する、電車でお年寄りに席を譲るなど、小さなことでもかまいません。自分以外の他者に貢献すれば、思いやり因子は増えていきます。

実際、自分のためにばかり行動している人は幸福度が低く、利他的な気持ちを持って行動している人は幸福度が高い、というデータがあります。人のためになることをすると、それをした人の幸福度が高まるのです。

「陰徳を積む」という言葉があります。人知れず善行を重ねて行う、という意味ですが、陰徳を積んでいれば、いつかその人には幸せが訪れるでしょう。反対に、何か人のためにやったとしても、「自分は良いことをやっているぞ」と言わんばかりにアピールするようでは、陰徳とはいえません。それは良い人に見られたくてやっているだけですから、幸福度は上がらないでしょう。

できれば行動で貢献するのがおすすめですが、場合によっては金銭的な寄付でもよいと思います。私の知人に、自分の母校にまとまったお金を寄付したとき、とても清々しく、幸せな気分になれたと言っている人がいました。自分で貯めたお金で家族の誰かのために何かを買ってあげた場合も、幸福度は上がると思います。主体性を持って自分のお金を誰かのために使うのであれば、思いやり因子のひとつになるでしょう。

なお、家族が幸せになるためには、親が社会の誰かに貢献しているのを、自然と子どもが見ていることがとても大切だと思います。親が電車内でお年寄りに席を譲っていたら、子どもは「私の親は優しい人だな」と思うでしょうし、席を譲る優しさを学びます。思いやりのある大人に育つ可能性は高まりますし、そうした人が増えれば、世の中全体が幸せになることも間違いありません。

家族を「喜ばせる」ことを意識する

「共感」は、「思いやり因子」のもうひとつのキーワードです。家族同士、お互いに共感できる状態にあれば、どうすれば相手が喜ぶかわかるはずです。家族を喜ばせることを互いに意識し合っている家庭の幸福度が上がることは、改めて説明するまでもないでしょう。

わかりやすいところでは、家族の誰かのために誕生日会を開く、誰かにとって良いことがあったらみんなでお祝いの食事会を開く、などです。子どものためにクリスマス会をやってあげて、お父さんがサンタクロースの格好をしてプレゼントを持ってくるのも、子どもたちを喜ばせるための親から子への思いやりです。子どもたちが、父の日や母の日に料理をしたり、何かプレゼントを用意するのも、子から親への思いやりです。

何かしら行動で喜ばせてあげたり、プレゼントをあげるのもよいですが、感謝の言葉を口にするのも、とてもよい貢献になります。これは、「認められている因子」や「協調因子」にも関係することで、家族が幸せになる上で、非常に大切なことのひとつです。

カードや手紙を送るのもおすすめです。言葉の力は非常に大きく、実際に手書きで心を込めて書かれた感謝の言葉は、贈られた家族に大きな喜びを与えることでしょう。

私（マドカ）は、あるワークショップに夫婦で参加した際、夫が私への感謝の言葉を書き出してくれたカードを、いつも持ち歩いています。まれに気持ちが下がってきたときにそのカードの言葉を見ると、バーンと一気に気持ちが上がるからです。私にとって、お守りのようなものだといえるでしょう。

自分が変われば相手も変わる

人によっては、「自分はこんなに家族に思いやりを持って貢献しているのに、相手はあまり自分に貢献してくれていない」と、不満に感じてしまうケースもあるでしょう。夫婦間でも、親子間でも、あり得ることだと思います。

しかし、だからといって、相手に「もっと私に貢献して」と口で言ったところで、相手の心に響くことはありません。人のことは変えられないので、もし相手を変えたいなら、自分が変わるしかありません。

基本的に、自分が本当に相手に貢献したいという気持ちで接していれば、相手も自分に貢献してくれるようになるものです。相手の貢献が足りないと感じるなら、あなたの相手への貢献も足りないのです。あなたが相手は自分のことをわかってくれていないと感じているなら、あなたも相手のことをわかっていない可能性があると考えたほうがよいでしょう。

ある方から聞いた、こんな話があります。

とても真面目な、ある男性の話です。奥さんが浮気をしていたことがわかり、最初はもう絶対に離婚だと思ったそうです。でも、よく考えた結果、問題はむしろ自分にあったと気づいたというのです。自分はいままで仕事ばかりで奥さんのことをまったく顧みることがなかった。だから奥さんは寂しくて浮気をしてしまったのだろう。申し訳ないことをしたのは自分のほうだったと。

そして彼は妻に「離婚だ！」と言う代わりに、「俺が悪かった。いままでまったくお前の相手をしてこなかった。申し訳ない。これからは心を改めるよ」と謝ったのだそうです。その結果、奥さんもとても反省して謝り、その後は非常に円満な夫婦になったそうです。

これは究極の例かもしれませんが、自分が変わることで相手が変わる、一例といえるでしょう。

家庭内の人間関係において、片方が１００％悪いということはまずありません。だから、自分の言動を顧みることが重要なのです。まずは自分の悪いところを直していけば、相手の言動も変わり、互いを思いやれるようになるはずです。

ところで、調べたことはないのですが、浮気をしている人は、かなりの確率で不幸だと思います。お互いに満足していれば、浮気しようと思わないはずです。浮気をする人はどこかに何か課題があって、満たされないのでしょう。

子ども100%、パートナー100%の思いやり

現在日本の夫婦は、3組に1組が離婚しているそうです。約3割の人が浮気をしているというデータもありますので、離婚率と浮気をする人の率は、だいたい同じくらいということになります。

いずれにせよ、せっかく結婚しても、3分の1の夫婦はお互いの思いやりを十分に感じることができず、結果的に離婚を選択していることになります。

離婚が一番多いのは、子どもが0歳から3歳まで。続いて4歳から6歳までで、後は熟年離婚だそうです。子どもが3歳になるまでという、もっとも可愛い時期に離婚を選択せざるを得ないなんて、なんと悲しいことでしょうか。

これは、子育てをはじめたばかりの夫婦に離婚の危機が高いという証です。それくらい子育ては、夫婦にとって最初の難関なのです。

子どもができた段階で、夫婦がどれだけ相手を思いやり、子育ての負担の分担についてしっかり話し合うことができるかが、幸せな家庭を築く上で非常に

重要なポイントです。

日本では、夫婦仲が悪くなってしまう代表的な理由として、夫が子育てを妻に任せきりで、妻の負担が重くなり過ぎた、ということが挙げられそうです。

この場合、夫に責任があるわけですが、実は妻にも問題があるケースが少なくありません。というのも、子どもができると、本能なのか、エネルギーをすべて子どもに向けてしまい、夫に対する思いやりがまったくなくなってしまうことがあるからです。

それまでは家庭内で１００％の思いやりが夫に向かっていたのに、たとえば80％が子ども、20％が夫というバランスに、すっかり変わってしまうのです。

思いやりの相手を夫から子どもにシフトするのではなく、子どもにも１００％、夫にも１００％の思いやりを持ち続けられればベストです。

もちろんそのためには、夫の妻への思いやりも、子どもが生まれる前以上に強くなっている必要があります。夫婦で互いに思いやりの心を持ち合うことで、難関を乗り越えてほしいと思います。

思いやりのある話し合いが、不幸を遠ざける

うまくいっていない夫婦の中には、「もう、うちは話し合っても全然だめ」「話し合いの余地はまったくない」「そもそも結婚する相手を間違えていた」と、嘆いている人がいます。確かに、本当に別れてしまったほうがお互いのためになるケースもゼロではないでしょう。しかし、冷静になって本気で話し合えばやり直すことは可能だし、結果的にそのほうがお互い幸せになれるケースは、決して少なくないと思います。

元々人間は、遺伝子の影響が50%で、残りの50%は環境次第で変われるといわれています。ですから、極論を言えば、どんな人とでも時間をかけて話し合えば、わかり合えたり互いに変われたりする可能性が半分はあるわけです。

一度は本気で家庭を築こうと思った者同士ですし、もともとは、わかり合える部分がきっと半分以上あったはずです。結婚後に大きくなったそれぞれのエゴや、他人の目が気になっての言動など、小さなことが積み重なって、わかり

合えない部分が大きくなってしまったのでしょう。

そうなると、相手に対する共感は、どんどん減っていきます。実際、家庭がうまくいかなくなってしまった人の話を聞いていると、一度相手の気持ちに立って考えてみてはどうだろうと感じることが少なくありません。

さらに言えば、人と真剣に向き合ったことでもたらされる変化は、「成長」にほかなりません。人間は、成長するのが特長であり、本人にその気があれば、どんどん心の広い人間になることができます。つまり、思いやりのある話し合いはその人を成長させるし、結果的に不幸を遠ざけることになるのです。

最近は、わりとすぐに離婚してしまう人が増えていますが、もったいないことだと思います。かなり危機的な状況になったと感じていても、もう一度冷静になってコミュニケーションをとれば、３分の１も離婚に至らずに済むのではないでしょうか。

相手の気持ちになることが、幸せになること

ここまで目を通して、家族が幸せになるためにはコミュニケーションが非常に大切だということは、すでに皆さん、おわかりだと思います。

コミュニケーションというと、自分の意見をしっかり相手に伝えることだと勘違いしている人がいるのですが、そうではありません。あくまでも双方向であることが、大事なポイントです。

たとえば、アメリカ人は日本人に比べると、コミュニケーションに長《た》けている印象があるでしょう。それでも離婚率は高く、２組に１組が離婚するといわれています。一体、なぜでしょうか。

それは、アメリカ人のコミュニケーションのとり方が、自己主張に偏りがちで、相手の気持ちに立った思いやりのあるコミュニケーションになっていないことが多いからかもしれません。

アメリカ人に限らず、私たち日本人も、自分の意見は主張しても、相手の話

をちゃんと聞くことができない人は少なくないように思います。しかし、幸せな家族であり続けるためには、相手の気持ちになって話を聞く、思いやりのあるコミュニケーションを身につけることが大切なのです。

家族同士でも、他人同士でも、相手の話をよく聞いてみると、「なるほど」と思う部分が必ず少しはあるはずです。そこに気づくことこそ、「相手の気持ちになってみる」ということです。

話を聞いた上で相手に共感し、「なるほど、確かにあなたの言う通りだ」と考えを変えるのはなかなか勇気がいることです。でも、幸せな人生を目指すのであれば、勇気を持って変われる人間であり続けるべきです。変わるということは成長することであり、それが幸せにつながることは、これまで何度かふれてきた通りです。

こうした体験を繰り返している夫婦や親子は、相乗効果で互いに成長していくでしょうし、自分軸も強くなっていきます。結果的に、家族間の絆や思いやりも深まっていくことでしょう。

アドバイスするときは、まずは共感が大事

ある方が、夫は妻の話をとことん聞き、妻は夫をとことんほめるのが夫婦円満のコツ、とおっしゃっていました。妻から何か悩みを相談された夫は、解決策など提示せず、ひたすら「そうだね」「うん、わかるよ」と共感してあげたほうがよい、ということだそうです。実際のところ、「妻が悩み事を話しはじめたのでいろいろアドバイスしていたら、どんどん機嫌が悪くなった」という話は、何度か聞いたことがあります。

しかし、妻は何かに悩んでいるわけですから、本来、アドバイスは不要ではないはずです。なのにどうして、夫があれこれ解決策を言い出すと、妻は不機嫌になってしまうのでしょうか。

そういうときのアドバイスは、実は夫がどこか上から目線だったりすることが多いからかもしれません。つまり、大事な「共感」が欠けているのです。早く話を終わらせようとして、ただ次々と解決策を提示する夫もいるようです。

共感の感じられないアドバイスは、誰だって聞きたくないでしょう。

また、「うん、うん」「そうだね」と、ただ夫に受け流されても、共感されているという実感を妻は得られません。悩んでいる人にとって一番うれしいのは、やはり、共感の上に立った真摯なアドバイスなのです。

もちろん、言い方も大切です。

私たちの親の世代では、夫は妻に対して「こうしたほうがいいぞ」「なんでこうしないんだ」と、常に命令口調だった人が少なくありません。そうした親に育てられた我々は、本人たちが気づいていないところで男女差別が抜けきっていない可能性があります。だから男性は上から目線になり過ぎていないか、女性は謙虚になり過ぎていないか、家庭内で少し気をつけて話しをする必要があると思います。もちろん、それぞれの家庭の状況によるでしょう。

また、基本的に、日常的な会話において、ネガティブな表現は、実はひとつも必要ありません。「△△だからダメなんだよ」ではなく「○○にすればきっと良くなるんじゃないかな」という具合に、すべてをポジティブなフレーズに言い換えればよいのです。それだけで、物事はすべてうまく動き出します。

ちなみに、私（隆司）は教育が専門なので、言い方についてはいろいろ学んできました。最近の若者に「これをやりなさい」と言っても、やる気になってはもらえません。「○○と△△、どっちがいいだろう？　なるほど、△△か。それは面白そうだね、ぜひやってみたらどうだろう」という具合に、やる気を引き出すための、ちょっとした対話テクニックがあります。ちょっと意識を変えて、こうした言い方を心がけておくと、家庭内でも役に立つでしょう。

ストレスを減らしてから帰宅するのも、相手への思いやり

誰しも働いていれば、仕事で嫌なことに遭遇する日や、ストレスフルな気分になってしまう日があるでしょう。

しかし、いくら嫌なことがあったとしても、ストレスレベルがマックスの状態のまま、家に帰るのはあまりおすすめしません。ジムで身体を動かしてくるとか、軽くお酒を飲むとか、ちょっとした買い物をするとかして、ほんの少しでもストレスを減らしてから家に帰ったほうがよいと思います。元のストレス

が１００だったら、せめて20％減らして、80くらいにして帰ることをおすすめします。

なぜなら、ストレスが１００の人は、帰宅したとき、家で待っていた相手が思いやりを持って接してくれても、それを素直に受け入れられない状態になっていることが多いからです。「お前に（あなたに）わかるわけない」という感じです。お互い、話せば話すほど、険悪な雰囲気になってしまうこともあるでしょう。

ですから、せめて相手の思いやりが察せられるくらい、少しはストレスを減らして心の余裕を作ってから帰宅することが、家庭の幸福を保ち続けるひとつのコツだと思います。

そうでないと、ストレスフルな相手を受け止める側は、話を聞く方向ではなく、ふれない方向にいくしかなくなります。やがて、相手の「ただいま」がストレスに満ちているのを察した瞬間に、待っていた相手は、何も言わずにリビングから立ち去っていくようになってしまうのです。

こうしたその場しのぎを繰り返していると、夫婦の間にどんどん距離ができていきます。結果的に、結局お互いのことがまったくわからない、熟年離婚が待ち受けている夫婦になりかねません。

ほんの少しストレスを減らしてから帰宅すれば、お互い会話する余裕も生まれるでしょう。そうすれば、家族の思いやりにふれることで、あなたのストレスはさらに軽減されていくはずです。

お互いの両親とも、思いやりを持って付き合う

夫婦どちらかの両親と同居している場合、距離感のとり方が難しく、家庭内の空気がギクシャクしてしまうことは少なくないようです。夫の親と一緒に暮らしている家庭では、嫁・姑問題に悩む人もまだまだ多いと思います。

そうした問題を解決し、家庭を幸福に導いていくには、やはり互いに思いやりを持って接する以外ないでしょう。

我が家の場合、20年ほど前、娘が生まれたときにいまの家を買い、それまで広島に住んでいた夫の両親を呼び寄せて、二世帯で暮らすようになりました。

1階と2階を区切った完全分離型の二世帯住宅で、ほとんどストレスなく仲良く暮らしてきました。そこで、一例として、我が家のケースにふれておきたいと思います。

玄関も別々になっている二世帯住宅とはいえ、一緒に住むようになってからは、慣れるまでに多少時間がかかりました。プライバシーをどう保つか、どの程度の領域までかかわるか、お互いに感覚がわからないので、最初はそれなりに気を使ったのです。

たとえば、一緒に食事をするときどちらの家のほうがいいのかなど、わからないことは、直接両親の要望を聞いていました。もう少し聞きづらいことの場合は、妻が不在のときなどに、夫が直接聞いていました。そのほうが、気兼ねなく、本心を言ってもらえると考えたからです。

ただし、全部相手の要望に合わせるのも、逆にこちらの要望に全部合わせてもらうのもおかしいので、バランスのとり方がつかめるまでは少し苦労しました。

いまはもう、20年が経ち、お互いの感覚がだいたいわかります。でも、たまに夫が母親と２人だけで話して、不満や不安がないか、確認するようにしています。

私（マドカ）が義父母にとても感謝しているのは、私たちの子どもの教育に関して、２人ともまったく口出しされなかったことです。特別甘やかされて困るということもありませんでした。私たちが特別お願いしなくても、その点は最初からすごく気を使ってくれていたと思います。それは、義父母の私たちに対する思いやりのひとつであり、同居してもうまくいった一番のポイントだったのではないかと思っています。

なお、３年前に父が亡くなり母１人になってしまったので、いままで以上に１階の母の家を訪れたり、一緒に旅行に行ったりして、母を大切にしています。母も私たちの思いを感じとってくれたようで、不満も不安もなく、安心して暮らしてくれているようです。

ボランティア先進国に学ぶ社会に対する思いやり

ここまで、主に家族間の思いやり＝貢献について述べてきましたが、ここからは家族の社会に対する思いやり＝貢献について、考えていきたいと思います。内閣府の調査をはじめ、さまざまな研究結果で、何かしらボランティア活動をしている人は幸福度が高いことがわかっています。人のためになるだけでなく、家族で参加すれば家族一人ひとりが成長できる機会にもなるので、躊躇している方は、ぜひ挑戦してほしいと思います。

ボランティア活動は、日本の場合、広く一般に根付いているとは言い難い状況ですが、欧米諸国では、多くの人が何らかの形でかかわっています。

私たちが住んでいたアメリカもそうでした。たとえば、大学入試の願書の中のエッセイに、これまでどれだけ社会貢献したかを多くの人が書き込みます。大学入試といえばまだ18歳ですが、それまでの人生でどれだけ社会貢献をしてきたかが問われるからです。日本ではＡＯ入試の場合は社会貢献について書き込む欄がありますが、一般入試ではありません。まだまだこれから、といったところでしょう。

ボランティア活動の秘訣は、無理せず、自分ができることをやることだと思います。たとえばアメリカの場合、「自分は○○が得意だから、○○のときは参加する」とか、「この日の午前中ならＯＫ。午後はできない」とか、自分ができることや範囲をはっきり表明します。

そもそもボランティアのあり方や意識が違うのだと思いますが、アメリカのボランティアは、みんな笑顔で、楽しみながらやっている印象がありました。言われたことをやるのではなく、それこそ主体性を持って、得意なことだけをガンガンやる。「日曜大工が得意だから、ベンチ修理は任せてくれ」「植物にはくわしいので、手入れは僕がやるよ」といった具合です。

だから、ヒーローっぽいイメージも漂ってきます。家族で参加している家庭の場合、そんな両親の姿を見て、子どもたちは「お父さんかっこいいな」「お母さん素敵だな。自分もあんな風になりたいな」と感じ、当たり前のようにボランティア活動に参加する大人に成長していくのです。

一方、日本の場合、真面目な国民性が災いしているのか、「頼まれたこと、引き受けたことは、きっちりやらないといけない」という雰囲気がどこかにあり、みんな渋い顔をして黙々とやっている印象があります。「自分が得意なことを、できる範囲でやる」というのも、どこか許されない雰囲気が感じられます。だからボランティア活動が重荷に感じられてしまうのでしょう。せっかく、幸福になれる機会なので、誰もがもう少し気楽に参加できたらいいと思います。

もちろん、アメリカのボランティア活動がすべて良いわけでも、日本の活動がすべて参加しづらいわけでもありません。ただ、ポジティブさやボランティアスピリットという点では、アメリカに見習うべき点が多々あると思います。

家族で一緒に地域活動に参加してみる

ボランティア活動をあまりやったことのない人に特におすすめなのが、ＰＴＡや町内会などの地域活動です。

子どもがいる場合、子どもたちとのつながりが深まるし、子どもがいない場合にも地域とのつながりが深まるので、参加してみるとよいと思います。はじめるまでは面倒に感じるかもしれませんが、確実に人のためになり、自分と家族の成長する機会にもなります。他者を思いやる心が学べるだけでなく、地域とのつながりが強固になって、いざというときにも頼りになるなど、いいことばかりです。

まずは、単発の参加でよいので、年に1、2回開催されている近隣のゴミ拾いなどがあれば、参加してみるとよいでしょう。できることならぜひ子どももつれて、一緒に参加することをおすすめします。

とはいえ、最初から進んで参加する子どもは少ないかもしれません。我が家の場合もそうでした。「今度の週末の朝、地域のゴミ拾いにみんなで参加しましょう」と誘ったら、「眠いし、面白くないし、嫌だよ」と言ったのです。

それでも、「やってみたら、きっと楽しいよ」と誘い出してみたところ、植木の根元に埋もれている空き缶などを発見するのが宝探しみたいで楽しくなってしまったようで、張り切ってたくさんのゴミを拾うことができました。

それを地域の人に見せたら、「すごいね！　こんなにたくさんありがとう」とほめられ、参加賞としてジュースを1本いただいて帰宅しました。子どもにしてみれば、楽しんでゴミ拾いをしただけなのに、人々にほめられ、感謝されて、ジュースまでもらえたわけです。誰かの役に立つことの喜びを知り、それ以降、率先して年2回の町内ゴミ拾いに参加するようになりました。

もちろん、子どもたちだけではなく、夫婦そろって参加するのがベストだと思います。平日は仕事で疲れているから土日はゆっくりしたい、あるいは自分の好きなことがしたいという夫は多いでしょう。そんな夫を地域活動に誘うなら、「誰か行かないと怒られるから行ってよ」とか、「たまには行ってくれてもいいじゃない」といった否定的な感じではなく、「一緒に行こうよ。みんなで行くと楽しいよ」と、あくまでも前向きに誘ってみるのがポイントだと思います。

「家族で参加したい」「あなたと一緒に行きたい」という気持ちが伝われば、よほど疲れていない限り、行ってみようかなと思うはずです。とにかく参加してみれば満足感が感じられるし、実際にゴミがなくなった町を見て、達成感も感じられると思います。

お金を稼ぎ出すことだけが貢献ではない

私（マドカ）は、子どもたちが小学生から中学生にかけて、８年間ＰＴＡ活動に参加しました。もちろん大変なこともありましたが、子どもたちや先生方、保護者の皆さんに喜んでもらえたという実感を得られ、自分たちにとっても学びの場になり、本当に楽しくて、ワクワク感にあふれた経験でした。

会長になった私が「子どもたちや先生、保護者のためになる活動を、自分たちも楽しんでやる」というビジョンを掲げたところ、役員の皆さんも一緒になって、前向きに活動に励んでくれたのです。

もう10年以上前のことですが、当時一緒に活動したお母さんたちとは、いまでも年に1回ほど集まる関係になりました。人は一度経験した充実感はなかなか忘れられないもので、集まると、未だにそのときの話になります。

でも、当時、ＰＴＡを一緒にやっていた女性の中に、「ＰＴＡはボランティア活動だろう。そんな暇があるんだったらパートして稼いでこい」と夫に言われたという人がいました。その夫は、お金を稼いでくることだけが貢献だと思い込んでいるのでしょう。なんと残念で、思いやりに欠ける言葉でしょうか。

こんなことを言われたら、ＰＴＡに参加している女性たちは、自分たちは社会に貢献していないのかと思い込んでしまいます。

実際には、決してそんなことはありません。職業上の理由や家庭の事情などで、どうしてもＰＴＡに参加できない人々がいます。参加している人々は、その人たちの分まで活動しているわけですから、立派な社会貢献になっているのは言うまでもありません。

私は彼女に、「旦那さんに対して、夫が外で仕事を続けていられるのは妻が家でサポートしているからだということ、そしてＰＴＡは社会貢献になっているということを堂々と主張すべきです」と、お話ししました。

なお、ＰＴＡ活動では、家族がもっと気軽に学校活動に参加できるように小さな改革を積み重ねていった結果、最終的に、日本ＰＴＡ全国協議会から賞をいただきました。表彰状をいただき、目に見える形で活動が評価されたこともあり、一緒にやってきた仲間たちとは、最終的に大きな達成感を分かち合うことができました。

現在、ＰＴＡはやる人が少ないため、役員にかなり負担がかかってしまうのが実情だと思います。でも、参加者が増えれば、役員１人ずつの負荷も変わり、もっとラクに、もっと楽しくできるようになるはずです。

結果的に、学校の子どもたちとも知り合いになれたし、町内会ともつながりができ、いろいろな意味で「やって良かった」ことばかりでした。自分と家族の成長と幸福のために、そして、学校と地域の人々のために、機会があればぜひチャレンジしてみていただきたいと思います。

幸福のピース5

「役割因子」が
家族としての責任感を高める

自分を俯瞰してみると、やるべきことが見えてくる

「役割因子」とは、「自分の生活にポジティブな意味を見出しており、自分なりの役割を能動的にとらえている実感が得られている状態」です。「父親だから外で働いて収入を得てくる」とか「母親だから家で家事をする」とか、世間一般の固定概念に流されて役割を担うのではなく、家族それぞれが、家庭における自分の役割を主体的に考えているかどうかがポイントになります。

たとえば、日本の家庭では、まだまだ女性のほうがついつい家事の多くをやってしまうことが多いのではないでしょうか。本人が家事が得意で、夫婦でよく話し合った結果として、家事を自分の役割と認識して、前向きにやっているのであれば問題ありません。

しかし、心のどこかで家事を夫にも分担してほしいと感じていながらも、古い固定概念に流されてやってしまっているとしたら、モヤモヤを抱えたまま日々を過ごすことになります。そういう気持ちはどこかで夫や子どもにも伝わ

るので、家庭内にどこか不安定な空気が漂います。

これを避けるためには、各自が自分自身を俯瞰して、家庭における自分の役割を改めて考えてみることが有効です。いわゆる「メタ認知」です。自分を外から見るような感じで見つめ直すと、自分の状態を正しく理解でき、本当にやるべきことが見えてくるはずです。

また、役割因子をレベルアップするためには、ただ家事を公平に分担すればいいわけではありません。

仕事で考えてみましょう。会社の場合、まず、企業理念があり、製造業であれば、それぞれの製品にコンセプトもあるでしょう。それを理解した上で、各自が自分の役割を果たさなければ、本来の目的に向かって生き生きと進んでいくことはできません。ただ単に、与えられた仕事を歯車のようにこなすだけでは、達成感も充実感も低く、幸福感は遠のいてしまいます。

家庭の場合、会社のようにはっきりした理念はないかもしれません。でも、その家庭なりの大きな方向性やビジョンはあるはずです。

たとえば、「いまは都市部で生活しているけれど、やがて田舎に移り住んで農業をやって暮らしたいという夢がある」とか、「夫婦で幸せの伝道師となって世界中を回ろうと思っている」とか、「家族全員で力を合わせて昔ながらの商売を守り通していく覚悟でいる」とか、そういう、何十年単位という長いスパンでの家庭のビジョンを折にふれて家族で話していることが、まずは必要だと思います。

ビジョンを共有した上で、家族一人ひとりが自分自身を俯瞰して眺め、自分以外の家族に対する思いやりの気持ちも忘れずにいれば、自分が果たすべき役割や本来あるべき姿が見えてくるはずです。家族みんなでビジョンに向かって共に歩んでいくことで、幸福度は上がっていくでしょう。

夫婦で「パパ、ママ」「お父さん、お母さん」と呼ぶのは自然なこと？

家庭内での役割を改めて考えなおすきっかけとして、ここで呼び方の問題にふれておきましょう。

実は、日本の多くの家庭は子ども視点で成り立っています。これは、呼び方をみれば明らかです。

子どもから見て「お父さん」「パパ」は、妻から見ればあくまでも夫です。親の両親は、子どもから見れば「おじいちゃん」「おばあちゃん」ですが、親から見れば「お父さん」「お母さん」です。

ところが、家庭内では、夫婦同士でもお互いを「パパ、ママ」「お父さん、お母さん」と呼び合い、親も子も、祖父母のことは「おじいちゃん」「おばあちゃん」と呼ぶのが一般的なようです。

一見、何の問題もないように感じられるかもしれませんが、本来、夫にとって妻は「ママ」ではないし、夫にとって母親は「おばあちゃん」ではなく「お母さん」のはずです。にもかかわらず、子ども目線中心の呼び方を続けていれば、家族それぞれの家庭内における役割も、それに引きずられていく可能性があります。知らず知らずのうちに、子どもを中心とした役割にはまり込んでいくのです。

その結果、「お父さん」は、家庭において誰にとっても「お父さん」的立場であり、「収入を得てきて子どもを養う人」という、昔ながらの日本のお父さんの役割に近づいていきます。「お母さん」もそうです。「家で子育てと家事に専念する人」という、昔ながらの日本のお母さんの役割ばかりが意識されてしまうわけです。

呼び方が関係性に与える影響は、想像以上に大きいように思います。毎日毎日、呪文のように繰り返され、決まった役割を演じさせられているようなものなので、本人にも家族にも、固定観念に縛られた役割が染みついてしまうのではないでしょうか。一度呼び方について、家族で考えてみるとよいでしょう。

夫婦も時には名前で呼び合ってみる

我が家では、子どもが「パパ」「ママ」という言葉を覚えるまでは、夫婦でお互いのことを「パパ」「ママ」と呼んでいましたが、長男が2歳くらいになってから、「隆司」「マドカ」と名前で呼び合うように意識的に変えました。

普通の夫婦もそうだと思いますが、もともと私たちは、お互い名前で呼び合っていました。アメリカにいた頃は、妻は夫を「隆司」と呼び捨てでした。帰国後、それは当時の日本には馴染まないだろうと考えて、「隆司さん」に替えました。

妻が夫を人前で「隆司さん」と呼んでいるのがわかると、ほとんどの人が驚きます。妻の両親から、「子どもができたら、妻は夫のことを『お父さん』と呼ぶものじゃないのか」と心配されたこともありましたが、自分たちは問題ないと判断していたので、呼び方は変えませんでした。

また、夫の母親のことを、子どもたちは「おばあちゃん」と呼びますが、夫と妻にとっては母親なので、私たちは「お母さん」と呼んでいます。

そして、子どもたちの間でも、妹は兄のことを名前で呼んでいます。これは、誰かが何か教えたわけではなく、まだ子どもの頃に長男が、「僕のことは『お兄ちゃん』ではなく、名前で呼んで」と妹に言ったのだそうです。何かしら家庭の雰囲気を感じとって、自分で判断したのでしょう。これも、妻の両親は、ちょっと問題ではないかと心配したのですが、変にヒエラルキーのない家庭でいいなと、私たちは思っています。

もちろん、それぞれの家庭のカラーがありますから、名前で呼び合わなくても、「パパ」「ママ」でうまくいっている家庭は、無理に変える必要はないと思います。

ただ、呼び方を意識することは、視点を切り替え、家族それぞれの役割を考えるとき、固定観念をはずすためのひとつの練習になりそうです。やろうと思えば簡単にできることですし、しばらくやってみる価値はあるのではないかと思います。

「○○ちゃんのママ」をやめて、自分を生きる

呼び方の問題といえば、家庭以外で「○○ちゃんのママ」や「○○ちゃんママ」という呼び方が定着していることも、妻の役割認識を誤らせてしまう一因になっていると思います。私（マドカ）がＰＴＡに参加していたときにもよく感じたのですが、ずっと「○○ちゃんのママ」と呼ばれていると、自分軸や主体性にどうしても影響してくる気がするのです。

本来、その人の役割は母親だけではないわけですが、「○○ちゃんのママ」

と呼ばれ続けることで、母親という役割しか意識できなくなり、自分自身の人生が見えなくなってくる危険性があるのではないでしょうか。

実は私自身、子どもが生まれて子育てに１００％のエネルギーを注ぎ込んでいたとき、夫に言われました。「子どもが可愛いのはいいけれど、その子は君の所有物ではなくて、１人の人間なんだよ。やがてその子は自分のパートナーを見つけて君の元からは去っていく。君のパートナーは僕なんだよ」と。そのとき、私は確かにそうだと思い、自分の家庭における役割は母親だけではなかったと、そして、もっと自分自身の人生を生きることを考えるべきだと、改めて思いました。

日本には、自分の役割を母親だけだと思い込んでしまい、子育てに依存してしまう女性が結構多いようです。しかし、子どもは、愛情のすべてを注いで一生懸命育てても、最終的には巣立って行く存在です。

国際的に見て日本にこうした女性が多いのは、欧米が個人主義的な社会であるのに対して、日本は集団主義的社会であることが関係していると思います。古来、日本は個人よりも家族や村集団を大切にする国であり、みんなそうやって生きてきました。家族は「子ども」を中心とした「家」であり、文字通り「子は宝」だったわけです。

一方、欧米の家族は、あくまでも「夫婦」が中心でした。子どもは神様が使わせてくれた「他人」という考え方が基本にあるので、親が子どもに依存してしまうことは少なかったのでしょう。

欧米が正しく、日本が間違っているということではありませんが、「家族はいたわり合い、助け合っても、お互い依存はしない」という考え方に立つことが、現代の幸せな家族のための、第一歩になるように思います。

家事は手伝うものではなく、分担するもの

皆さんの家庭では、家事をどのような割合で分担しているでしょうか。前にも述べましたが、私たちがある会社と行った調査では、家事を夫婦で50％ずつ分担している家庭が一番幸せ、という結果が出ました。

日本には、家事は女性がやるものという固定観念がまだまだ残っていますが、

本来、家事は男女平等に分担するものだという意識を、ちゃんと持つべきです。私たちは海外に住んだことで、この点をすごく意識するようになりました。

多くの日本の男性は、「僕は家事を手伝っているよ」などと平気で言いますが、この言葉自体が、実はもうアウトです。家事は手伝うものではなく、分担するものだからです。日本の人は、不平等な表現に慣れきっている人が非常に多く、男性も、女性も多くの人が、無自覚にそういう表現を使っているように思います。アメリカだったら訴えられるなと感じることも少なくありません。

また、日本には「給料を稼いでくる側が偉い」といった考え方があるようですが、これがそもそも間違いです。たとえば、夫がばんばん働いて単独で収入を得ていたとしても、夫が外でそれだけ活動できるのは、妻が家で家事と子育てをやってくれているからです。その収入は夫が1人で稼ぎ出したものではなく、家族が力を合わせて稼いだものだという認識を、家族全員で持つべきです。

その上で、家事については家族でどう分担するのかを話し合い、それぞれの家庭に合ったバランスを探ってみる必要があるでしょう。

家事の分担は子どもも含め、家族みんなで話し合って決める

ここまで、主に夫婦間の家事分担について述べましたが、本来、一緒に住んでいる家族全員が、何らかの形で家事を分担するべきです。

まず子どもですが、「自分は子どもだから、勉強だけしていれば文句はないだろう」というのは、当然間違いです。子どもにもできる範囲で家事を分担し、本人の役割を作ったほうがいいと思います。

小学校2年生くらいまでは、親が子どもに「このゴミ出しは、あなたがやったほうがいいと思うよ」と、指示するのでよいでしょう。それくらいの年齢までは、親のしつけの範疇《はんちゅう》だと思います。

でも、子どもが第二次性徴期に近づき、幼児から子どもに成長したら、親の指示ではなく、あくまでも話し合いで家事分担を決めるべきでしょう。

我が家の場合、長男が小学校3年生くらいのとき、ある日、私（隆司）が「勉強しなさい」と言ったら、激しく「嫌だ！」と言ったことがありました。

そのときに、しつけをする年代は終わったのだと悟りました。私はそれ以来、息子に「〇〇しなさい」という命令型の言い方はしないと決め、何事も、普通の大人と話すように会話して、最終的に子ども自身にどうするか決めさせることにしました。もちろん、子どもがおかしなことを言っていると思えば、「それは筋が通っていないから、こうしてみたらどうだろう」と意見は述べましたが、大人として扱い、自立を促してきたのです。

ですから、家事についても、話し合って、どの家事がどれくらい自分にできそうか聞くようにしてきました。その上で、息子の意見にこちらも納得すれば「わかった。じゃあ、それでやってみたらどうだろう」と、彼にも家事分担をうながしてきました。

なお、主体的な家事分担は、祖父母にもあったほうがいいと思います。

私たちの親の世代は、いままで僕らを育ててきてくれて、社会的にも十分に貢献してきた人々ですから、基本的には、家事分担を気にせず、自由に生きてくれればいいと思っています。

しかし、生活の中で目に見える形で役割があると、本人たちも家族に貢献している実感を得られるため、幸福感が高まります。ですから、本人が望むなら、得意なことはやってもらったほうがいいでしょう。何をどれくらいやってもらうかは、本人の意思を尊重し、主体性を持って決めてもらうのがよいと思います。たとえば我が家の場合、庭仕事はほぼすべて、私の母にお願いしています。本人も楽しく取り組んでいるし、私たちとしても、大いに助かっています。何より、みんなで力を合わせて幸せに暮らしているという実感を得られています。

役割分担をした上で、役割を超えた意識が芽生えるとき

これまで述べてきた通り、役割分担は、幸せな家族を築く上で大事なポイントのひとつであることは間違いありません。でも、本当に大切なのは、「自分の役割はこれだから、自分はこれをやる」という、単純な話ではありません。

これは実際に、社員が幸せな、とある会社を訪問したときにわかったことですが、その会社の場合、役割分担は必ずしもすべてが明確ではありませんでした。それでも、常に各自が状況を見て、自分がそのときやるべき役割を判断し、

それぞれが自主的に動いていたのです。

例えば、売り場の人手が足りなくなっていると、管理職が何か指示を出さなくても、製造部門の人々が自主的に売り場を助けに行っていました。

つまり、役割因子において本当に大切なのは、家族それぞれが状況に応じて率先して動くことができるかどうか、だと思います。誰かが何か言わなくても自然と助け合え、家族一人ひとりの存在価値がちゃんと感じられる。そういう家庭は役割因子が非常に高く、幸福感も強いでしょう。

我が家の例を、ひとつ挙げておきましょう。先日、仕事で妻が1週間ほど家を空けることになったとき、私（隆司）は、さあご飯やさまざまな家事は自分でしなければと思っていたのですが、いつのまにか、娘が私の母と話し合い、「ご飯は昼は私が作ることにして、夜はおばあちゃんが作ってくれることになったから」と、言ったのです。仕事がいっぱいいっぱいだった私は、娘と母の言葉に甘えました。

私や妻が何も言わなくても、みんなが自分には何ができるか考え、主体的に話を進めてくれていたので、これはすごく幸せなことだと感じました。

娘と母が食事を作ることになったのは、自分たちにとって得意な分野だったからです。私も、自分にできることを考えた末、食事以外の家事を担当したり、帰りがけに買い物をしてきたりしました。

家族それぞれが自己犠牲にならない範囲で、自分にできることを自分にできる方法でやって協力し合えば、たいがいのことは何とかなるものです。

妻も、あとからその報告を聞き、すごく喜んでいました。さらに、妻がその気持ちを娘にフィードバックしたところ、「自分も最近料理ができるようになって楽しかったから、全然大丈夫だったよ」と言っていたそうです。妻から喜ばれて、娘もうれしかったことでしょう。

こうした経験があると、人間は別の機会にも、自分にできることはないか考えて、自分から動くようになるものです。そんな体験の繰り返しで、役割因子は育っていくのだと思います。

幸福のピース6

「認められている因子」が
家族の心を安定させる

「あなたがいてくれてよかった」は万能の言葉

「認められている因子」は、「自分は家族から関心を持たれ、好ましい評価を受けていると思えている状態」です。家族同士、ちゃんと相手のことを気にしていて、その存在を認め合っているという意味であり、信頼関係を構築する上で、とても大切なことです。また、それぞれが社会で一個人として認められていることも、幸福のためには併せて必要です。

人にはもともと、認められたいと願う承認欲求があり、承認されると人は幸せになることがわかっています。ただし、承認されたあと、主体性を持って自己実現などの段階に進むと人はさらに幸せになるものなので、その前の〝幸せの基盤〟のようなものだと思ってください。

実は、人の承認欲求を満たす、非常に効果的な万能の言葉があります。

それは、「あなたがいてくれてよかった」です。何か特別なことをしなくても、ただそこにいてくれるだけでいいという存在自体の承認ですから、もっとも根本的で安定した承認になります。

この言葉は、ユマニチュードという、高齢者や認知症の方を対象としたケア技法の専門家の医師に教えてもらいました。心の問題を抱えて生きている人を元気にする、万能の言葉だといわれています。

たとえば、子どもに対してであれば、「僕らの子として生まれてきてくれてよかった」と言い換えてもよいでしょう。

親は、本当に子どもに対して「あなたがいてくれてよかった」と思っているものですが、改めてこういう言葉で口にする家庭は多くはないでしょう。しかし、ちゃんと口にしないと、残念ながら子どもにはなかなか伝わりません。どんなに親が子を愛していても、それがまったく伝わらずに、「親は全然自分のことを認めてくれていない」と感じて、ぐれてしまうこともあるのです。

こうした声がけは、子どもが大きくなればなるほど言いづらくなりますが、子どもが小さな頃から当たり前のようにやっていれば、簡単なことだと思います。子どものほうも慣れるでしょう。そういう言葉を投げかけられて育った子は、人にも自然とそういう言葉をかけられる人になるものです。

ですから、やはり親は、少々恥ずかしくても口に出して子どもをちゃんと認めてあげるべきだと思います。そうすれば子どもは自己肯定感が育まれ、「自分はここにいていいんだ」「ここは安心安全な場で、いつでも自分が受け入れてもらえるんだ」と思うことができるでしょう。そうした安心感は、幸せにものすごく影響しますし、子どもがいろいろなことにチャレンジする原動力にもなるはずです。

もちろん、「あなたがいてくれてよかった」は、親から子に対してだけではなく、夫婦同士、そのほかの家族同士でも、口に出して伝えるべき言葉です。たまにでもこの言葉を交わしている家族の間には、よい信頼関係が築かれます。

家族だって、「感謝」や「承認」は言葉で表現しないと伝わらない

「認められている因子」を高めるキーワードには、「あなたがいてくれてよかった」という究極の言葉のほかに、「感謝」と「承認」の言葉が挙げられます。

「感謝」は言うまでもなく、「ありがとう」の言葉です。「うれしいな」など、

喜びを表現する言葉でもよいと思います。「承認」は、「いつもしっかり掃除をしてくれているよね」「今日の料理すごくおいしいね」など、その人自身、あるいは、その人がやってくれたことに対する、良い評価の言葉です。

こうした感謝や承認が家族間でしっかり伝われば、お互い、自分のことをしっかり見てもらっている、自分はちゃんと評価されている、という心地良い実感が得られるはずです。

しかし、日本には、これができていない夫婦がかなり多いようです。特に日本の男性はシャイなので、なかなか妻をほめたり、感謝の言葉を伝えたりしていないのではないでしょうか。むしろ、「そういうことは、男が言うもんじゃない」ぐらいに思っている人もいるようです。若い世代ではだいぶ変わってきたようですが、それでも照れくさがって、なかなか口にしない人が少なくありません。

しかし、いくら家族でも、「感謝」や「承認」はちゃんと言葉で表現しないと、なかなか伝わりません。せっかく感謝や承認の気持ちがあるのなら、言葉でしっかり伝えないと、もったいないと思います。

また、感謝や承認は、伝え方も大切です。私（マドカ）もよくやってしまうのですが、帰宅が遅くなったときに義母がご飯を作っていてくれたりすると、まず最初に「すみません」と言ってしまいがちです。でもそこは、「お義母さん、ありがとうございます。助かりました！」のほうがいいはずです。

基本的に人は、「すみません」と言われるより、「ありがとう」と言われたほうが、うれしいものです。もちろん、表現は言葉が１００％ではありませんから、「すみません」と言ってしまったとしても、笑顔で明るく言っていれば、感謝の気持ちが伝わる部分もあるでしょう。そのあたりも含めて、感謝の気持ちを伝えることを常に意識していれば、自然と上手に気持ちを伝えられるようになってくるものだと思います。

ほめられたときは、謙遜せずに素直に受け取る

子どもをむやみにほめるのはあまりおすすめしませんが、大人同士、特に夫婦同士の場合は、「いい！」と思ったことは、どんどんほめるべきだと思いま

す。相手をほめるということはその人らしさを高く評価することであり、その人を認めることにつながるからです。

しかし日本人、特に男性は、ほめることにも、ほめられることにも慣れていない人が多いですよね。「そのスーツ、すごく似合っていてカッコイイと思うよ」と妻が言っても、「まあ、どれを着てもそんなに変わらないよ」とか言ってしまう。せっかく承認されても、それを素直に受け取れない。そうすると、ほめたほうもあまりよい気分になれず、だんだんそうした発言をしなくなってしまうでしょう。これは非常にもったいないことです。

欧米の人たちは、「そのブルーのお洋服、あなたにとても似合っているね」と言ったら、まず間違いなく、笑顔で「サンキュー」と言うでしょう。それどころか、「そう。この色は、私にとても似合う色なの」と言ったりする人も少なくありません。それくらいほめられる言葉を素直に丸ごと受け止めることができるし、自分が承認されているという意識も高いと思います。

日本人には謙遜文化があるので、ほめられるのが苦手な人を一概には否定できません。でも、誰だってほめられれば、いやな気はしないはずです。

欧米人の中でもイタリア人の男性などは、自分の奥さんを1日に3回はほめたり、感謝したりしているといわれています。「今日もおいしい料理を作ってくれてありがとう」「今日のイヤリングとても素敵だね」「いまの笑顔、とってもチャーミングだよ」といった具合です。

実は我が家でも、その話を知ってから、夫は1日3回妻をほめるようになりました（笑）。イタリア人を真似ることからはじまった習慣でしたが、いつの間にか我が家に定着し、妻としても、「夫は自分のことをよくほめてくれる」「いつも自分を認めてくれている」という実感が強くなりました。また、いつも素直に妻に感謝したり承認したりしていると、職場に行っても、部下に素直に感謝したり承認したりできる人になると思います。

ちなみに、私（隆司）がフェイスブックでつながっているマサチューセッツ工科大学の教授などは、奥さんの写真をアップしては、「My lovely wife」とか「My beautiful wife」とか書いたりしています。日本人の感覚からすると驚きですが、実際、とても幸せそうなご夫婦です。

実は、私もそれに近いことをやっています。たとえば、コロナ禍で「マイ・

ブック・チャレンジ」といって、10冊自分の好きな本を紹介するのが流行っていましたが、私は勝手に「マイ・愛妻・チャレンジ」として、マドカをほめる話を10回アップしました。これは、少々面白がってやった部分もあったのですが、結果的に妻にも喜んでもらえたようです。

話をしっかり聞くだけでも、承認になる

「相手を承認する＝認める」というと、家族に対する積極的な声がけが必要なイメージもありますが、実際には、相手の話をじっくり聞いてあげることも、相手を認めてあげることになり得ます。

我が家のケースを、ひとつご紹介しておきましょう。

長男が生まれたばかりの頃、夫は仕事が大変忙しく、帰ってくるのが毎晩10時、11時過ぎでした。その頃、私（マドカ）は子育てと家事のほぼすべてをやっていたわけですが、マイナスな気分になったことはありませんでした。

それは、何度かふれてきた「マドカの日」のおかげでもありましたが、毎晩

のように夫が私の話をしっかり聞いてくれたことが、大きく影響していたと思います。

夫は、毎晩夜11頃に帰ってくると、夜中の2時頃まで私が話すその日あった出来事を延々と聞いてくれたり、話し合ったりしていたのです。小さな子どもは一日一日と成長しますから、私がどうしたらいいかわからず困ったことや、子どもの微笑ましい失敗など、話し合うことはいくらでもありました。

夫は、そんな私の話を楽しそうに聞いてくれた上に、「マドカもよく頑張っているね」と言ってくれていたのです。

私としては、夫が自分の子育てを信頼してくれていることがはっきりと伝わってきたので、とても励みになりました。また、夜中を除くと夫はほとんど家にいませんでしたが、それでも夫婦一緒に子育てをしているという、前向きな気持ちにもなれました。

世の中には、子育ては妻に任せきりで、仕事から帰ると「明日早いから寝かせてくれよ」とさっさと寝てしまう男性も未だにいるようです。これでは、妻は承認されている気持ちにはとてもなれないでしょう。夫の承認があるだけで、妻は元気をもらえるし、幸せな気持ちで頑張れるものだと思います。

子どもには言葉がけが大切

日本人には、「自分に自信がない」「人と話すのが怖い」という人が少なくありません。調べてみると、その根本的な原因は、ほとんどが親との関係性にあるようです。実際、50代くらいになっても、「親を憎んでいます」「親のことは嫌いです」というようなことを言う人が結構います。

その原因は、子どもの頃に親から承認された経験が乏しいことが関係していると思います。実際には、子どもに愛情をかけずに育てる親はほとんどいません。ただ、それがちゃんと伝えられず、あるいはうまく伝わらずに何十年も経ってしまったことで、わかり合えなくなってしまったのでしょう。残念なことです。

実は、学生の中に「教授と直接会うのが怖い」という人がときどきいます。なぜだろうと思ってよく話を聞いてみると、親が非常に厳しい人で、優しい承認の言葉をかけてもらったことがなかったとか、親の何気ないひと言がトラウマになってしまっているケースがあり、それがきっかけで年上の人に対する恐怖心を抱えるようになったようでした。

そういう人は、自分でも気づかないうちに自分を抑制するようになってしまい、大人になってもコミュニケーションが苦手になりがちです。こうした例を防ぐためにも、やはり子どもの頃から親が愛情表現を心がけ、承認してあげることが大切だと思います。

子どもが大きくなってくるとお互い時間に追われてコミュニケーションが不足しがちですが、「おはよう」「ありがとう」など、一般的な挨拶でもよいので、いつも親が声をかけてあげるだけでも違います。

なお、子どもに対する声がけの中で一番よくないのは、感情的に叱ることです。親として、おかしいと思ったことに意見するのは必要ですが、怒って叱るのはよくありません。子どもが委縮したり、不満を抱えたりしてしまいます。

一方で、結果をほめるのもあまりよくありません。なぜなら、誰々よりは上とか下とか比較することは、自己肯定感を下げるからです。子どもにとって一番重要なのは個性を尊重して伸ばすことですから、親による他人との比較はマイナスにしかなりません。

子どもへの声がけで一番よいのは、励ますことです。結果ではなく、チャレンジしたこと、頑張った行為そのものを評価するのです。簡単に言えば、たとえテストの点数が悪かったとしても、頑張っていれば認めてあげる、ということです。

こうした声がけを重ねていけば、子どもの中に親から認められているという感覚がちゃんと残っていきます。その上で、「うちの子に生まれてくれてよかった」といった言葉もかけてあげれば、自己肯定感やコミュニケーション能力もしっかり育っていくはずです。

子どもには嫌がられてもハグを

子どもの存在を認めてあげるためには、これまで述べてきたように、言葉をかけてあげるのもよいのですが、ハグもよいと思います。

私（マドカ）は、子どもが幼い頃から、折にふれてハグを実践してきました。いまでは娘に「もうやめて～」と言われたり、息子に「それ以上近づいたら、お母さん投げ飛ばすから」と言われたりしていますが、諦めてはいません。

でも、親から子への愛情表現は、それくらい大げさでもいいのではないでしょうか。

思春期の頃は、２人ともあまり話してくれず、どう思っているんだろう、私たちが認めていることはちゃんと伝わっているのだろうかと、多少心配したこともありました。

でも、大人になってからは、「あのときはああいう態度だったけれど、本当はこう思っていたんだ」といった本心を、自分たちのほうから少しずつ話してくれるようになりました。

成人した現在、２人は、「お母さんは自分たちに少し甘い優しいお母さん。お父さんは自分たちのことを信用してくれているお父さん」といったことを、たびたび口にします。

また、私（マドカ）がたまに「２人のことは、２００％の愛情を込めて育てたから」と言うと、照れも呆れもせずに、「うん、知っている」と、さらりと言うのです。子どもたちは、私たちが彼らを「認めている」という思いを、言葉と身体で感じとっていたのでしょう。少々嫌がられてもハグで愛情を表現してきてよかったと思います。

ですからやはり、認められている因子を増やすためにも、親子でのハグをおすすめします。子どもが大きくなればなるほどやりづらくなってしまうので、幼いうちからやっておくことがポイントです。

兄弟がいる場合は、常に平等に存在を認めてあげること

親から子への承認においてひとつ注意しておきたいのが、兄弟での対応の違いです。

親が兄弟のどちらか一方ばかり認めている言動をとっていると、もう一方の子の心に「自分は家庭内で認められていない」という思いが募ってしまうことがあります。

たとえば、兄弟喧嘩をしたとき、親は平等なジャッジをする必要があります。最初から喧嘩を見ていて明らかにどちらかのほうが悪いと思ったとしても、まずは両方の言い分をしっかり聞くべきでしょう。

どう考えても兄のほうが悪く見えたとしても、ちゃんと話を聞いてみると、兄にもそれなりの言い分があるものです。とにかく双方の話を聞いてあげることが大切です。それこそが、子どもたちをどちらも平等に、ちゃんと承認していることになるからです。

本人同士で話し合いができるのであれば、互いの意見を言うように促したほうがよいと思いますが、基本的には、本人たちの判断に任せるべきでしょう。どちらかが謝るなら謝る。仲直りするならする。親がそこに口出しして、どちらかに無理やり謝らせたり、納得していないのに上辺で仲直りさせたりすると、親の考えの押しつけにしかなりませんし、子どもたちの心には、自分たちの意思を無視された感覚が残ってしまうでしょう。

しかし、子どもに完全に任せるのもリスキーです。子どもを見守り、間違った判断をしそうなときには適切に正しい方向に導くのが親の役目だと思います。

実際のところ、「子どもの頃、親が弟の味方ばかりしていた」というように、子どものころの体験がトラウマになってしまっている人は少なくありません。子どもたちに対しては、平等で真っ直ぐな承認の気持ちを心がけないと、大人になってからも心の傷として残ってしまう人もいるので、親は注意すべきでしょう。

いずれにせよ、親子間、兄弟間など、家庭内で認め合えていた実感があるかどうかは、間違いなくその家庭の幸福を左右するのみならず、子どもが社会に出てからのコミュニケーションの基盤になります。

幸福のピース7

「協調因子」が家族の絆を強くする

なぜ夫婦で、親子で、旅行に行くのが嫌になるのか

「協調因子」は、「目的を共有し、相互に励まし・助け合える家族とのつながりを感じることができている状態」です。家族同士、お互いに信頼関係にあり、誰かが困っていれば助け合う。そうしたチームワークが構築されているかどうかが鍵になります。

協調因子を高めるためには、まず、家族それぞれの自分軸因子を高めておく必要があります。なぜなら、家族同士の信頼関係を築くためには、一人ひとりが自分軸をしっかり持ち、自分自身を信じることが必要だからです。自分のことを信じられない人は、人のことも信じることができません。

その上で、家族間の日頃のコミュニケーションがやはり大切です。日々コミュニケーションをどれくらい、どのようにとっているかが、その家庭の協調因子の高さを決定しているといってもよいでしょう。

協調因子が高い状態にあるかどうかは、各家庭が、まさにいま、コロナの流

行で突きつけられていることだと思います。ステイホームで家族が急に近づくことになって、チームワークが育ち切っていなかった現実が露呈してしまった家庭もあるのではないでしょうか。

実際のところ、コミュニケーション不足の家庭は多く、残念ながら、仲が悪い夫婦も多いようです。仲が悪いとまでは言わずとも、「夫とは話が合わないし、子どもも大きくなったから、もうそれぞれ好きにすればいいんじゃないかと思っている」といった話はよく耳にします。男性の側も、「仕事が早く終わっても、妻とは話すこともないので必ずどこかで飲んでから帰る。家には寝に帰るだけ」と言う人も少なくありません。

親子間のコミュニケーションも不足しているようです。子どもが中学生くらいになると、親子で出かける機会もぐっと減りますし、別の家族が旅行などで家を空けるとき、「お父さんと2人きりになるなんて耐えられない」というお子さんもいます。うちの娘が友達5人と話していて、3人は「絶対にありえないので、自分も友達の家に泊めてもらう」と言っていたそうです。

そうした人々によく話を聞いてみると、別段仲が悪い家族というわけではなく、「これくらいが普通だろう」「特に問題はないだろう」と思っていることが多いようです。

しかし、コミュニケーションが少なければ、相手のことはだんだんわからなくなりますし、相手への興味も、助け合うことも、共に喜びを分かち合う気持ちも減っていく可能性は高くなります。

平常時は問題がなくても、災害時などの非常時に、思うように家族で連携がとれず、そのときになって苦労することになりかねません。どんなときも家族同士が信じ合い、協力し合って暮らしていけるように、日頃からコミュニケーションをとっておくことが大切だと思います。

「信じる」と決めるとラクになる

「信頼」は、協調因子の重要なキーワードのひとつです。互いに信じ合うことは、家庭が幸福になるためには絶対に欠かせません。

しかし、夫婦でも親子でも、ついつい相手を疑って家族のチームワークが乱れてしまうことは少なくないようです。

相手を疑いはじめると、どんどん深掘りするしかなくなり、心は休まることがありません。その思いは表情や態度、言葉などになんとなく表れるので、「信頼していない」ということが、どこかで相手に伝わってしまいます。すると、相手もこちらを信用してくれなくなってしまうでしょう。

こうした負の連鎖を解決する方法は、ひとつしかありません。「信じる」と決めてしまうことです。

そうすれば、何かが起きても、信じると決めた以上、余計なことを考えなくて済みます。相手に対する態度は常に変わらないので、自分もラクですし、それがひとつの愛情であることが、相手にも伝わるでしょう。

夫婦の場合、「浮気をするから信じない」と「信じないから浮気をする」は、紙一重のところがあると思います。本当に相手から信じられているという気持ちがあれば、「裏切りたくない」という気持ちが強くなるはずです。反対に、相手から信じられていないと感じていれば、「裏切ってもどうせバレないだろう」と思うかもしれません。

よく夫婦間や親子間で、相手の携帯を勝手に見るという話を聞きます。子どもが中学生の頃、「子どもに携帯を持たせたのだけれど、ロックがかかっていないときに、勝手に見てしまった」というお母さんが何人かいました。

しかしこれは、まったくおすすめできません。

なぜなら、家族の携帯を勝手に見てももめるだけで、そのあと何もいいことがないからです。

見たほうは見たほうで罪悪感がずっと残りますし、見た内容を指摘して何かを主張したところで、勝手に見た人の意見は正当化できません。しかも、見られたほうは、相手のことが信用できなくなります。見たところで何もいいことがないのなら、見ないほうがいいに決まっています。

我が家では、いざというときのために夫婦で互いにパスワードを教えているので、勝手に見られてもまったくかまいません。しかし、お互い見ませんし、特に見たいとも思いません。子どもの携帯についても同じです。そこら辺に置いてあっても、見ないと決めたので見ようという気も起きません。

子どもたちも、携帯を置いておいてもうちは誰も見ないとわかっているので、平気でその辺に置きっぱなしにします。そういう意味では、家族間で変な隠し事もなくなる気がします。

携帯に限らず、手紙もメールも、もちろん日記なども見ません。それが家族同士の信頼の第一歩だと思います。

互いに協力し合えば、夫婦喧嘩は起こらない

夫婦喧嘩が家庭内の協調因子を引き下げてしまうことは、改めて言うまでもないでしょう。反対に、協調因子が低いから夫婦喧嘩が起きてしまう、ともいえます。

私たち夫婦は、いまではまったく喧嘩をしませんが、若い頃は少しはしていました。喧嘩というよりは議論でしたが、そのたびにじっくり話し合い、相手への理解を深めていくことを繰り返しているうちに、だんだんぶつかり合わなくなっていきました。

もともとは、会話の途中で瞬間的に気持ちが高ぶることがありましたが、そ

ういうときは、「それはどういう意味かな？」と、お互い聞くようにしていました。相手の話を聞いてみると、自分が感じていた意味とまったく違っていたりして、誤解が解け、納得するのです。普通に話している間に、喧嘩の種が消え去っていく感じでした。

人間は、自分が思っている以上に、自分だけの枠の中で物事を考えています。自分の感覚で相手の気持ちまで決めつけて話を聞いてしまうことがあるのです。喧嘩を避けるためには、そうした可能性を、早いうちからどんどん摘み取っていけばいいのだと思います。

人間は意外とわかりやすいもので、こちらが気使いのある対応をすると、相手も優しくなるものです。キャッチボールと一緒で、強い球を投げれば強いボールが帰ってくる。優しい球を投げれば優しいボールが帰ってくるのです。

家庭における夫婦喧嘩は、国同士に例えれば戦争です。

できれば戦争なんてしないに越したことはありません。そのために各国は、事前にできる限り協議を重ねるわけです。信頼関係構築に失敗すると戦争になってしまい、お互い非常に大きな犠牲を被ることになります。両国にとって、ちっともいいことはありません。

夫婦間でも同じです。戦争になってしまうと、お互い傷ついたり、しこりが残ったりしてしまいます。そうならないように、相手が大事にしているものは否定しないなど、お互いに協力し合うべきです。どういうことを言えば相手が傷つくか、どういう言い方をすれば相手が怒るかは、相手のことを知ろうと心がけていればだいたいわかるはずです。

だから、どうしても言いたいことがあれば、相手を傷つけない、別の言い方を考える。さらには、そういう発言をしなければならないシチュエーションを作らないように心がけていくことが、喧嘩を未然に防ぎます。我が家の場合、いまはお互い、無意識にそれができるようになっているのだと思います。

「夫婦喧嘩は戦争だ」というと少々大げさに聞こえるかもしれませんが、それくらいのことだととらえておいて、お互い注意したほうが、確実に協調因子は高まるでしょう。

子どもに対しても大切な「尊重」という気持ち

お互いに励まし合い、助け合える家族であるためには、夫婦でも親子でも、お互いに尊敬し合う気持ちが必要です。

尊敬は、「信じる」のもう一段階上の感情といえるでしょう。尊敬の気持ちは、目上の人に対してはもちろん、夫婦同士、さらには子どもに対しても必要です。

子どもに対しては、尊敬というより、尊重というイメージのほうがわかりやすいかもしれません。レスペクト（respect）です。子ども扱いせず、1人の人間として尊重する。尊重されて育った子どもは、親のことも尊重するし、他人のことも尊重できる人間に育つものです。

子どもを尊重している親は基本的に子どもを信頼しているので、何でもかんでも口出ししたりせず、本人の判断に任せることができます。裏を返せば、あれこれ口出ししてしまう親は、子どものことを信じていないといえるでしょう。

これは、自分軸、成長、リフレッシュ、思いやり、役割、認められている、協調、すべての因子と関係してくる、とても重要なポイントだと思います。

いつもあれこれ言われ続けて育った子どもは、親の言うことを右から左に聞き流してしまう癖がついてしまいます。すると、親は「だから言ったじゃない」とか「何度言ってもわからないんだから」とか、言っても仕方がないことをいろいろ言い続けることになり、さらにエネルギーを消耗します。

子どもにより良い人になってもらいたい一心でつい言ってしまう気持ちもよくわかりますが、こうしたやりとりを繰り返していても、子どもの自分軸は育ちませんし、親子の間で信頼関係もなかなか育っていかないと思います。

私たちは、長男が生まれたとき、「子どもは1人の一個人として尊重して接しよう。いつまでも赤ちゃん言葉で自分の所有物のように接するのはやめよう」と話しました。

言葉がわかるようになれば、子どもは赤ちゃん言葉しか通じないわけではありません。それは大人の勘違いです。だから私たちは、子どもが幼い頃から、主語と述語を使ってきちんとした日本語で話しかけることを意識していました。

子どもたちがある程度成長してからも、本人の意志を尊重し、できる限り口出しはしないようにしてきました。もちろん、立派な大人になってほしいと願ってはいましたが、子どもには子どもの世界があるし、自分たちで考え、自分たちの歩むべき道を進んでほしいと考えました。

実は、教育学の分野では、親子で依存が起きやすい日本流の教育より、欧米流の個人の自立を促す教育のほうが良い面が多いということは、もう20年くらい前から言われ続けていることです。歴史や文化の違いもあり、日本ではなかなか広がらないようですが、だからこそ、尊重して自立をうながす教育について伝える意義があると、私たちは思っています。

夫婦でチームワークを発揮して、課題をクリアしていく

子どもがいる家庭の場合、夫婦が最大のチームワークを発揮すべき課題が、子育てでしょう。せっかく2人でやるのであれば、お互い常に連携をとって、より良い方法で子どもを導くべきです。

たとえば、母親が言うべきことをはっきり言うのであれば、父親はあまり細かいことは言わずに黙って見守る。母親が子どもに言い過ぎてしまったときは、父親が「お母さんも心配してつい言ってしまったのだからわかってあげなよ」と言って子どもに寄り添ってあげる。もちろん、母親と父親がその逆でもよいでしょう。

気をつけたいのは、母親と父親が２人そろって同じ立場で子どもに接してしまうことです。２人で子どもにあれこれ言ったり、２人で子どもを甘やかしたり、２人で放任してしまうパターンです。これでは、子どもに対して、母親と父親の両方から同じ方向の強い力がかかってしまい、ストレスになってしまいます。

ですから、母親と父親で力の方向を分散させて、うまく連携し合うにこしたことはありません。我が家でも、夫か妻のどちらかが叱っていたら、どちらかはもう少し子どもの気持ちに寄り添ってあげるなど、その点は徹底して気をつけてきました。

そもそも、夫婦が協調していないと、子育ては非常に難しいと思います。

チームスポーツにたとえてみましょう。チームがどんな方向性を持ってどうやって戦うか、監督やコーチ、選手の全員がその方針を共有できていないと、チームがひとつになって進んでいくことはできません。

子育ても同じです。ですから、特に子育ての初期段階では、細かいところまで夫婦で話し合って、共通認識のもとに子どもを育てていく必要があると思います。そのうち、家庭の子育て方針が固まってきて、いつもいつも話し合わなくても、お互い自然と協調できるようになってくるでしょう。

子どもがいない夫婦でも、基本的には一緒だと思います。家族として歩んでいく上で、力を合わせて乗り越えていかなければならないことは、子育て以外にもいろいろあります。そうした問題をお互い話し合って共通認識のもとにクリアしていけば、チームワークは自然と高まっていくでしょう。2人の間の信頼はより強くなり、協調因子は高まって、幸福感も増していくはずです。

さらに、互いに励まし合い、協調因子が高く、助け合うことで家族とのつながりを感じられる状態にあると、人はそこからエネルギーを得られます。喜びは倍増するし、悲しいときや苦しいとき、それを乗り越えるための頑張る力が強くなるでしょう。つまり、協調因子は、一人ひとりの成長の原動力にもなり得るのです。

お金の管理は夫婦間でオープンにする

夫婦で方針を共有し、助け合って行わなければならない大事な作業のひとつに、お金の管理があります。やり方は、それぞれの家庭によってさまざまです。夫婦2人で管理している、夫か妻が1人で主導権を握っているなど、いくつかのパターンがあると思います。

ここで大切なのは、どのパターンでも、お互い秘密がない、オープンな形＝明朗会計でやることです。

私たちの世代でよく聞くのは、夫が家庭用の口座に毎月一定の生活費を振り込み、妻がその範囲内でやりくりするパターンです。特に、専業主婦の家庭に多いようです。

こういうご家庭の方に話を聞いてみると、「夫がいくら稼いでいるか知らないし、貯蓄などもわからない」という人がいて驚きます。「銀行の諸手続きをはじめ、ローン関連、保険など、お金に関するすべてを夫がやっているので、自分はよくわからない」と言うのです。妻がすべて納得しているならそれでもいいのかもしれませんが、なんとなく、夫婦の間に秘密がある印象を受けてしまいます。

このパターンの妻の多くは、自分のためにお金を使いづらいようで、ランチ会や自分の習い事などにかかるお金を、日々の生活費を節約して捻出しています。それでも足りなくなると、夫に追加で請求するのですが、自分のために使うお金とは言いづらいため、「子どもの教育費が急に必要になった」など、小さな嘘を言ってお金を出してもらっているという人がけっこういました。

これでは残念ながら、夫婦間の信頼関係が少し揺らいでいると言わざるを得ません。

そもそも、夫が外で稼いできたお金であっても、それは夫婦の共有財産ですから、夫がすべて管理して妻が自由に使えないのは、基本的に間違っていると思います。少なくとも、収入がいくらあり、家計がどうなっているといった情報は、夫婦の間でオープンにして共有すべきです。

もう一点、お金に関することで、夫婦が協調しなければならない大事なミッションに、老後の資金の問題があります。

夫婦のうち、どちらかが浪費家的で、どちらかが節約家的であるなら、当然、節約家のほうが中心になって管理したほうがお金は貯まるでしょう。反対に浪費家のほうがお金を管理してしまうと、伴侶が知らないうちに使い込んでしまう可能性もあるので、注意が必要です。あるいは、悪気がなくても、貯金が減ってしまうケースもあるでしょう。こうした老後の不安を払拭するためにも、やはり家計のことはお互いオープンにしておくべきだと思います。

単身赴任などで別々に暮らしていても、協調因子は高められる

家庭内で協調因子を育むためには、家族は極力一緒に住んでいたほうがいいと考える人は多いかもしれません。でも、現実的には、夫が単身赴任したり、さまざまな事情で夫婦が別居しなければならないことは、決して珍しくありま

せん。離れ離れの間、家族の協調因子はやはり低下してしまうのでしょうか。
実際には、たとえ離れて暮らしていても、家族で協調因子を高めていくことは可能だと思います。

たとえば私（隆司）の実家の場合、父親が数年間単身赴任していたことがありました。でも、その時期を思い返してみると、かえって家族の協調因子が深まった印象があるのです。

当時、私たちは広島に住んでいました。父が山口に赴任することになり、母は1か月に1、2回、山口まで通っていたのですが、「料理を持っていかなきゃならないし、片づけもしてこなきゃならないし、いろいろ大変なのよ」と言いながらも、いつもどこかうれしそうでした。

父は、たまに家に帰ってくると、「単身赴任は寂しくていやだよ。つい酒を飲み過ぎてしまう」と言っていたので、本当は家族と一緒に広島にいたかったのだと思います。

家族のために1人暮らしをして働いてくれた父と、それを甲斐甲斐しく支えていた母の姿は、私の目にとてもたくましく映りました。そして、自分も何か力になれることはないだろうかと、子どもも心に思ったものです。私の実家の場合は、父の単身赴任が、むしろ家族の結束を強め、父と母それぞれの奮闘ぶりを感じ合う機会になりました。

考えてみれば、結婚前のカップルは、週に１回程度合うのが一般的でしょう。それと比較しても、２週間に１回でも会えるのなら、別々に暮らしていても心が離れ離れになってしまうことはないと思います。

もっと遠くて、期間も長く離れてしまうとしても、いまは、ネットやＳＮＳなど、コミュニケーションをとる手段はいろいろあります。要は、家族で結束して乗り越えていこうという、気持ちの問題ではないでしょうか。

ですから、長い家族の歴史の中で一時期離れ離れになってしまったとしても、あまり心配する必要はないと思います。協調因子を高める機会だととらえ、家族で協力し合い、前向きに過ごすことをおすすめします。

リストラや転職のあとに、家族が手に入れるもの

家庭を揺るがす大きな出来事のひとつに、稼ぎ頭のリストラや転職があります。稼ぎ頭は夫や父親という家庭が多数派だと思いますが、稼ぎ頭がリストラにあってある日突然収入が閉ざされてしまうと、家族が不安な気持ちになるのは当然のことだと思います。転職の場合も、収入が下がる場合や、転職先がはっきり決まっていない場合などは、家族も気が気ではないでしょう。

でも、そんなときこそ、協調因子の発揮のしどころではないでしょうか。

家族の立場としては、どうしてそういうことになったのか、理由を尋ねるのは当然でしょう。でも、「私たち明日からどうすればいいの」とか、稼ぎ頭を責めるような言葉を言ってもどうにもなりません。お互いに傷つくだけです。

事実は事実として受け止めて、お互い自分には何ができるのか、どう協力し合えばいいか話し合い、少しずつ自分たちの今後の方針を決めていくしかないと思います。

それに、たとえリストラにあったとしても、考えようによってはそれほど絶望することはありません。リストラは産業構造の再構築であり、あくまでも世の中の流れの中で起きている変化の一部です。会社都合であれば1年間失業保険がもらえるし、それまで真面目に働いてきたのであれば、何かしら仕事は見つかるものです。

もちろん本人は、次の仕事が決まるまで、そしてその仕事に慣れて生活が安定するまではいろいろと大変です。でも、だからこそ家族の支えが必要です。家族全員でピンチを乗り越えられたら、協調因子はさらに高まり、きっと以前よりも幸せな未来が待っているでしょう。

介護が必要になったとき、家族崩壊を招かないために

高齢化社会において、介護は、どの家庭も避けて通れない重要な問題だと思います。夫婦どちらかの両親の介護が必要になり、それをきっかけにうまくいっていた家庭が崩壊してしまうこともあると聞きます。

こうした悲しいケースを招かないためには、もしも家族の誰かに介護が必要になったら、互いの愛情を信じて、徹底的に話し合ったほうがよいと思います。まず、介護される本人はどうしたいのか、要望をできる限り聞き出す必要があるでしょう。それから、家族それぞれが、自分にできること・できないことを明らかにしていく。その上で、何が不安なのか、何が必要なのか整理して、問題を先送りすることなく、一つひとつ解決していくことが大切でしょう。

あとでもめないためにも、話し合いの途中で気になることがあったら、決してうやむやにせず、相手の意思も、自分の意思もできるだけ明らかにしておいたほうがよいと思います。

もしも、自分の親に介護が必要になり、こんなことでパートナーに迷惑をかけたくないとか、余計な心配をさせたくないとか、ちょっと自分が頑張ればなんとかなりそうだと思ったとしても、相手に本当の状況を伝えておかないのは、よくないと思います。無理をすると、結局、後でどこかに負荷がかかり、問題がさらに大きくなりかねないからです。

いまは介護保険を利用してプロに頼むことも一般的な時代ですが、いつでも希望通りに来てもらえるとは限らないでしょう。そこは家族で愛情を持って分担するしかありません。みんなにとってもっとも良い方法を考え、押しつけ合うような形ではなく、助け合う形になるのが理想的だと思います。

老後を共に歩むための協調因子の高め方

生涯、幸せな家族であり続けるためには、夫婦２人でどんな老後を送っていくかも、折にふれて話し合っておくべきだと思います。

子どもがいる家庭でも、彼らはやがて巣立っていくので、最後には夫婦２人に戻ります。どちらかの最後のときまで、ともに幸せに歩んでいくために、晩年のビジョンを共有しておくべきでしょう。

私たちの場合、海外を散歩しているときなど、手をつないで歩く仲の良さそうな老夫婦を見ると、「私たちもあんな風になりたいね」と、自分たちの年老いた姿をイメージしたりしています。

そして、日頃から普通の会話の中で、年をとったらどう生きていくべきか、いろいろと話し合っています。どこに住みたいか、どんな風に過ごしたいか、どんなことをやっていたいか、どんなものを食べたいか。そして、そんな老後を迎えるために、いま自分たちは何をなすべきなのかも、一緒に考えます。

介護が必要になったり、寝たきりになってしまったときにどうするかという話も、ある程度はお互いの希望を明らかにしています。

たとえば、脳死になったらどうするのか。脳死を死ととらえるのか、などの論点も話し合っています。

もちろん、どちらかが先に亡くなったときのことも話しています。お葬式の写真は必ず笑顔のものにしてほしいとか、こんな花を飾ってほしいとか……。そうやってイメージを共有することで、残りの人生を共に歩むための協調因子も高まっていくのだと思います。

人間は必ずいつかは死にます。伴侶をなくし、悲しみばかりで立ち直れなくなってしまうことがないように、前向きに、そのときのことを話し合っておくとよいと思います。日頃から夫婦でそんな話をしていれば、いざというとき、少しは心の準備ができているのではないでしょうか。

「家族の幸福」のために、
やってはいけない
7つのこと

家庭の幸福度を下げる７つの因子とは

この章では、「家族の幸福度を下げる７つの因子」をまとめて紹介しておきましょう。これは、冒頭で述べた通り、「幸せと不幸せの条件はそれぞれ別にある」という仮説のもとに行った調査結果から導き出したものです。

考え方としては「家族の幸福度を上げる７つの因子」と同様で、以下の７つの因子が増えれば増えるほど、家庭は不幸せになる可能性が高まると考えられます。たとえ幸せを招く因子がたくさんあったとしても、幸福度を下げる因子がたくさんある家庭は、家族がイライラしたり、雰囲気がピリピリしたりする、居心地の悪い空間になってしまうと考えられます。

あなたの家庭がそうした不幸せな空間になっていないかチェックするひとつの指標として、次の７つの幸福度を下げる因子を参考にしてみてください。

へとへと因子

定義は、「私的な時間を断念せざるを得ないほどに家事や仕事に追われ、精神的・身体的に過度なストレスを受けている状態」。ひと言で言えば、家族がオーバーワークになっている状態です。

まず、働いているお母さんにへとへと因子が高い人が多いことは、言うまでもないでしょう。良き妻でいよう、良き母でいよう、職場でもしっかり結果を出そうと頑張っているうちに、どうしてもオーバーワークになりがちです。また、専業主婦のお母さんでも、家庭内での役割は完璧を目指すときりがないので、知らず知らずのうちにオーバーワークになっている例もあるでしょう。

もちろん、お父さんがいつも仕事でへとへとになっている家庭も多いと思います。へとへとの原因が家庭外にあっても、それは結局家庭内に持ち込まれてしまいます。仕事で疲れたお父さんが、家の中で一日中イライラしたり、不機嫌だったりしたら、家庭の空気は悪くなってしまうでしょう。

いまの時代、子どももへとへと因子と無縁ではありません。最近の子どもたちは、勉強に習い事に大忙しです。以前は子どもといえば学校が終わったら日暮れまで野原で遊んでいたものですが、いまは塾を掛け持ちしていたり、学校や塾の宿題もたくさんあったりして、へとへとになっている可能性があります。

大人にせよ、子どもにせよ、人は忙しくなると、相手を尊重する気持ちを持ちにくくなります。だから、へとへと因子が高くなると、どうしても家庭内で喧嘩が起きやすくなるのです。

最近は、コロナの影響で家族全員がへとへとになっているケースもあると思います。緊急事態宣言時などは、家族全員が毎日家で3食食事をしていたので、料理を担当していた人がオーバーワークになりかけたという話もよく耳にしました。

ちなみに、リモートワークになり、通勤時間がなくなったことで仕事のオーバーワークから解放されたという人もたくさんいました。コロナの流行によるへとへと因子への影響は、各家庭の事情により、かなり違いがあるようです。

自分なんて因子

「自分なんて因子」とは、「能力不足を感じ、自信がなく停滞している。また、自分の強みを活かすことを抑制されていると感じている状態」のことです。家族それぞれが自信をなくしていると、どうしても家庭内の空気は暗くどんよりとしてくるものです。

たとえば、親が子どもに「もっと勉強しなきゃだめじゃない」と言い続けると、実態はどうあれ、子どもは自信をなくしてしまいます。「自分なんて、スポーツもできないし成績も悪い。家でも何の役にも立っていない」と思い込み、ネガティブな感情に支配されてしまうでしょう。

また、夫婦それぞれが自分の仕事に自信を持てていなかったり、専業主婦の母親が「どうせ私なんて家事しかできない」と感じていると、その家庭の自分なんて因子は高まっていきます。

両親がこうした気持ちで暮らしていると、本人たちが辛いだけでなく、家族が前向きになれず、子どもの精神状態に良くない影響を与えてしまうでしょう。

不快環境因子

これは説明するまでもないと思いますが、「家庭環境において、視覚や聴覚など体感的に不快を感じている状態」のことです。

不衛生で散らかっていて、嫌な臭いがするところ、うるさい音がしているところに家族で暮らしていたら、不幸せを感じるのも当然でしょう。ときどき、立派な建物なのにゴミ屋敷のようになっている家を見かけますが、とても幸せな家庭とは思えません。

そこまでいかなくても、かなり散らかっているご家庭はあると思います。家族全員がまったく気にならないのであれば、それほど不幸せの原因にはなっていないかもしれません。でも、衛生観念は家族の中でも人によって違います。妻はかなり散らかっていても気にならないけれど、夫はちょとでも乱れていると気になるなど、人によって感覚が違うケースもあるでしょう。この感覚の違いにどこかでうまく折り合いをつけておかないと、喧嘩の多い家庭になってしまいます。

基本的には、夫の書斎や子ども部屋など、個人の部屋は多少散らかっていてもあまり問題はないかもしれませんが、リビング、台所、トイレ、風呂など、家族共用の場については、あまり不衛生にしておくと不幸せの元凶になるでしょう。

いまは、コロナ流行の影響で家族が家にいる時間が増えたため、以前よりも散らかりやすくなっているかもしれません。また、ずっと一緒にいるので、これまでは気にならなかった状態も気になるようになって、不快環境因子が高まっている可能性があるので注意が必要です。

報われない因子

「自分の努力は正当に評価されない、努力に見合わないと感じている状態」が、「報われない因子」のことです。

仕事で活躍している父親、家事に仕事に一生懸命の母親、勉強やスポーツ、習い事で頑張っている子ども、家のことを手伝っている高齢者など、ほとんどの人はそれぞれの立場で力を尽くして生活しているはずです。家庭内で、家族同士がその頑張りを認め合えばいいだけのことなのですが、これができていない家庭が意外と多いようです。家族同士だと照れもあり、なかなか認め合うことができないのかもしれません。

やはり、専業主婦の女性が報われない因子を抱えていることは少なくありません。どんなに家事を丁寧に行っても、働いている人が社会で感じるような成功体験や、評価される喜びなどを感じることが難しいからでしょうか。すると、どうしても自己肯定感が低くなるため、家庭の雰囲気は悪くなりがちです。

また、報われない因子は、へとへと因子とも関係がありそうです。人は疲れると、人をほめるどころではなくなります。たとえば夫婦が2人とも疲れていると、互いに余裕がなくなり、家庭の空気はピリピリしてくるものです。

さらに、そうした環境で育った子どもは、自分が評価されることも少ないため、報われない気持ちを抱いたまま育ち、やはり余裕がない大人になってしまう可能性は高くなるでしょう。

バラバラ因子

「バラバラ因子」は、「家庭内で家族同士が非協力的な状態」のことです。

たとえば、父親や母親のどちらかなど、家族の誰か1人がいつも自分の意見を押し通していたとしたら、家族同士が協力的関係にあるとはいえません。

かつての日本では、家長である父親がいつも意見を押し通していた家庭は多かったと思います。しかし、いまの日本で父親がそれをやったら、家庭内のチームワークはすっかり乱れてしまうはずです。家事をはじめ、家族で協力して成し遂げなければならないことを、お互いに押しつけ合うような陰湿なムードになりかねません。

現代の家族は、ある意味バラバラに過ごしていることが多いと思います。夫と妻はそれぞれ仕事や付き合いがあり、子どもも勉強に遊びに忙しく、家族はバラバラに過ごす時間が長いかもしれません。

我が家もそうです。夫婦ともに働いていますし、息子も仕事があり、娘はクラブ活動で多忙です。しかし、短い時間でも、顔を合わせればお互いに自分の話をしてきましたし、何か家庭内で問題が起きれば、相談して解決に向けて力を合わせてきました。

つまり、「バラバラ因子」は、家族がバラバラに過ごしているということではなく、あくまでも家族の気持ちがバラバラだということです。

気持ちがバラバラでは、日常生活においても、何か問題が起きたときでも、家族で協力し合うことができません。そうした経験を繰り返していると、家族の心は、さらに離れ離れになっていってしまうでしょう。

疎外感因子

これはその名の通り、「家族間のコミュニケーションにおいてすれ違いを感じ、家庭内での孤立を感じている状態」です。2人で暮らしていても、大勢で暮らしていても、家族間のコミュニケーションがうまくいっていない家庭は、誰かが疎外感を感じているはずです。

最近は、父親が家庭内で疎外感を感じている家庭が少なくないようです。これは父親が家庭を顧みてこなかった結果か、家族が父親をないがしろにしてきた結果か、どちらかでしょう。

また、母親が、「誰も私の気持ちをわかってくれない」と疎外感を感じていることもあると思います。これは、へとへと因子ともつながっているかもしれません。そういう家庭では、母親がどんなにおいしい料理を作っていても、誰も感謝の言葉を言わないのでしょう。

夫婦2人だけで暮らしている家庭も、コミュニケーション不足ですれ違いを感じていれば、それぞれに疎外感を感じているはずです。

また、常に一緒にいても、疎外感を感じているケースもあります。たとえば子どもです。親が「勉強しろ」と言うばかりで、ろくに子どもの話も聞かなければ、子どもの心の中の疎外感は募るばかりです。こういう環境で育つと、「親のことはいくつになっても許せない」と言ってしまうような大人になる可能性が高いと思います。

そして、いまの時代、もっとも心配なのが、祖父母など、高齢者が疎外感を感じているパターンです。我が家の場合、二世帯住宅に親子4人と私（隆司）の母とで暮らしていますが、疎外感を感じさせないように、1日少なくとも1回は私か家族の誰かが母のところへ行って話すようにしています。

特に高齢者は耳が遠くなるなど身体的に衰えてくると、1人でいる時間が多くなりがちです。これでは認知症になる確率も上がってしまいますし、ほかの家族が十分に気をつけるべき、重要な課題だと思います。

理不尽因子

「理不尽因子」とは、「家庭内で誰かから理不尽な要求をされたり、一方的に何かを押しつけられたりする。また、そのような家族の姿をよく見聞きする状態」のことです。

昭和の日本には、アニメ『巨人の星』の星飛雄馬のお父さんのように、気に入らないことがあるとちゃぶ台をひっくり返すような、父親がいたものです。

いま思えば、あんな理不尽な話はないでしょう。

実際には、気に入らないことがあると暴力を振るったり、怒鳴ったりする父親や母親は、まだいると思います。暴力を振るわなくても、「勉強しなさい」「だからお前はだめなんだ」「早く食事を作れ」「ろくな稼ぎもないくせに」などなど、家族の誰かが誰かに対して文句ばかり言っていたら、それは言葉による暴力です。

親子はもちろん、夫婦同士、あるいは姑と嫁などの間で、理不尽因子が発生することは、現代においても多々ありそうです。

家族では、他人には決して言わないような厳しい言葉を浴びせてしまうことも起こりがちです。何年も一緒に過ごしているために、相手を尊重する気持ちが欠けたり、気を許していたわる気持ちがおろそかになったりするからでしょう。

家族のさらなる
幸せのために

これからの家族時間の過ごし方

皆さんもご存じだと思いますが、理由はわかっていませんが、新型コロナ感染症による日本の犠牲者は、欧米に比べれば少なめです。よく言われているように、餅を喉に詰まらせて亡くなる方やインフルエンザで亡くなる方の数に比べれば、ずっと少ない。今後、感染者数が爆発的に増えるなどの変化がなければ、現時点では心配し過ぎる必要はないように思えます。

もちろん、今後の感染状況次第では、被害が大きくなる可能性はあります。ウイルスについてまだわかっていないことが多いので、油断は禁物です。そのあたりを頭に入れた上で、現状のデータを自らの目で把握して判断し、冷静にコロナと付き合っていくべきでしょう。

人類の歴史において、感染症の蔓延は何十年かに一度は必ず起き、繰り返されてきたことです。

14世紀に起きたペストの世界的大流行では、世界の人口の2割以上が亡くなったといわれています。しかしそれは、医学も科学もあまり進歩していなかった時代の話です。人々が一か所に集まってお祈りしていたことも、死者の増大につながりました。

現代は、状況が違います。医学も各段に進歩したし、マスク着用と手指消毒を徹底し、密な状態を避けていれば、かなりリスクを避けられることもわかってきました。

感染症が流行するたびに、人々はワクチンや治療法を開発して乗り越えてきました。今回も、いつか、必ず克服されます。そういう意味では、いま私たちは、家族はもちろん、自分たち人類の力を信じることが必要だというべきでしょう。

インターネットをはじめとした現代文明の発達のおかげで、私たちは家庭にいながらにして、仕事をしたり、講義を受けたり、買い物をしたり、診察を受けたりと、さまざまなことができるようになりました。コロナ禍という困難な状況の中でも、対応できている部分は案外多いと思います。あまり不安になり過ぎずに、家族みんなで前を向くことが大切な時代というべきでしょう。

新型コロナの流行を前向きにとらえる

新型コロナの流行に関連してよく聞くのは、「本当だったら夏休みに家族で旅行に行くはずだったのに」とか、「いつも行っていたお店で食事ができなくなってしまった」など、できなくなったことにストレスを感じているという話です。確かにそういう面はあるのですが、マイナス面にばかり意識がいってしまっていると、みんながネガティブな気分になってしまいます。

しかし、そうした状況の中でも、誰もが自分のできることを模索しながら、少しずつ前に進んでいるのです。また、進むしかありません。ですから、いま私たちに必要なのは、社会の中でも家族の中でも、誰もが少しでもポジティブな気分でいることではないでしょうか。

たとえば、コロナの影響でできなくなってしまったことはいろいろありますが、逆にできるようになったことも結構あります。

移動時間が少なくなって、家族と一緒にゆっくり食事できる人が増えました。

我が家も、信じられないくらいいつもみんなで一緒に食事をし、家族で濃い時間を過ごせるようになりました。私たちは、この面では良かったと感じています。

また、さまざまな事情で離れ離れに暮らしているご家族の中には、コロナが流行してから毎朝短い時間でもオンラインで会話を交わすのが日課になり、以前よりも親密さが増した、というケースもありました。彼らは、以前はときどき電話で話す程度だったのに対し、いまは相手の日々の表情がわかるようになったそうです。単身赴任のお父さんの中には、以前よりも子どもの成長が身近に感じられるようになったという人もいました。

仕事のために別居している、子どもがいない夫婦では、以前は1か月に1回くらいしかちゃんと会話をしていなかったのに、お互いが心配になって、毎日1度はオンラインで会話をするようになったという人がいました。結果的に、信頼関係が確かめられて良かったそうです。

あなたのご家庭でも、きっと、コロナの時代になったからこそ、家族で一緒にできるようになったことや、前よりも関係性が深まった部分があるはずです。

そんなポジティブな点に気づくことができれば、これからの家族時間も、もっと幸福度の高いものになっていくのではないでしょうか。

家族が幸せを作り出す

私（隆司）はもともと、「何か大きなことを成し遂げたい」という野心を持った、普通の若者でした。世の中の人の役に立ちたいとも思っていましたが、いま思うと自己顕示欲のほうが強く、少し恥ずかしい記憶として思い出されます。

若い頃は、科学技術の進歩とそれによる豊かさが人々を幸せにすると信じていたので、大学院卒業後はメーカーに就職し、エンジニアになりました。

そして、カリフォルニア大学バークレー校に留学していたとき、サンフランシスコ大学に留学していたマドカに出逢いました。私たちは、自分を高めようと頑張っていたときに出逢った2人なのです。

私は、結婚したことで妻からも影響を受けました。つまり、人に思いやりを持って接し、優しくすることで、結果的に自分も幸せになるのだと気づきました。同時に、それまでは、人間はそれぞれが目標を抱いて1人で達成するものだと思っていたのですが、そうではなく、仕事も家庭もみんなで力を合わせて目標を達成するものだと、考え方が変わっていきました。

同時に、私の興味の対象が人間の心に向かっていったこともあり、結婚後、公募に応募して大学に移り、人を育てる教育の仕事に就きました。すると、まもなくして家庭に子どもができ、個人的にも人を育てる立場になりました。こうした人生の流れの中で、自然と私は「人を育て、人を幸せにする仕事がしたい」「人のために役に立ちたい」とさらに強く思うようになりました。それがいまの私の、幸福学の研究の原動力になっています。

私（マドカ）は、もともと前向きな性格ではあったのですが、アメリカに留学したときに強烈なカルチャーショックを経験し、さらに前向きな考え方をするようになりました。

留学中に隆司さんと出逢い、結婚、出産を経験し、その後専業主婦としてアメリカで暮らしました。そこで、欧米の女性たちがいかに前向きに自分の人生を歩んでいるかを知り、再び衝撃を受けたのです。

帰国後は、「日本のお母さんたちにも、自分の夢を生きてほしい」「子育ては、その子が自分らしく、自分軸を持って生きられるよう育てることが大切」という考え方を広めたいという思いに駆られ、夫の協力も得て、自分なりに活動を続けてきました。

子育てが一段落して、さらに多くのお母さんたちに自分の考えを伝えていきたいと思うようになった頃、隆司さんの幸福学の研究も実を結びはじめていました。人間の幸せとは何かを研究し続けていた夫と、子育てや家族の幸せとは何かを探り続けてきた私。当然、研究分野として重なる部分は多く、私たちは、自然と一緒に活動する機会が増えていったのです。

7年前には、私も隆司さんと同じ、慶應義塾大学大学院システムデザイン・マネジメント研究科付属システムデザイン・マネジメント研究所の研究員になりました。そしていまも、家族の幸福、人々の幸福について、研究と実践を行う日々を重ねています。

私たちは結婚し、家庭を持ったことで、愛する人と暮らしていくという、安定感と安心感を得ることができたと思っています。

子どもが生まれてからは、愛する人と2人で子育てというビッグプロジェクトを成し遂げたような感覚があり、以降は、「愛する人」というだけではなく、「同志」という感覚が芽生えたように思います。もちろん、子育ての真っ最中には、いろいろと失敗もしました。その結果として、2人の子どもをちゃんとした人間に育て上げたという自負があります。

いまは、結婚する人も子どもを作る人も減っているようです。もちろん、どう生きるかは、人それぞれ、その人の自由です。ただ、私たちの場合は、1人よりも2人、2人よりも4人、5人と、家族が増えたことによって、いろいろなことに気づき、学ぶことができたと感じています。

結婚するとき、「私たち、幸せになります」とよく言いますが、それはまさしく真実だと思います。家族としっかり向き合って暮らせば、成長する機会は確実に増えます。そして、一人ひとりの中にある「思いやり因子」「役割因子」

「認められている因子」「協調因子」は確実に高まります。そうすれば、さらに「自分軸因子」も「成長因子」もうまく回りはじめ、「リフレッシュ因子」でリラックスする時間も楽しみながら、個人としても、社会人としても、どんどん幸せになっていくでしょう。

夫婦がしっかりつながれば、家庭が本当に幸せを作り出す場になることは間違いありません。本書を読んだ皆さんが、より豊かで幸せな家族になっていくことを、心より願っています。

本文デザイン／青木佐和子
編集協力／上原章江

前野隆司

１９６２年山口生まれ。広島育ち。84年東京工業大学卒。86年東工大修士課程修了。キヤノン株式会社、カリフォルニア大学バークレー校客員研究員、慶應義塾大学理工学部教授、ハーバード大学客員教授等を経て、２００８年より慶應義塾大学大学院システムデザイン・マネジメント（ＳＤＭ）研究科教授。前野マドカの夫。専門は、幸福学、システムデザイン、認知心理学・脳科学、心の哲学・倫理学、地域活性化、イノベーション教育など。

著書に『幸せのメカニズム　実践・幸福学入門』『感動のメカニズム』（講談社現代新書）、『幸せな職場の経営学』（小学館）、『７日間で「幸せになる」授業』（ＰＨＰ研究所）、『「幸福学」が明らかにした　幸せな人生を送る子どもの育て方』（ディスカヴァー・トゥエンティワン）などがある。

前野マドカ

慶應義塾大学大学院システムデザイン・マネジメント（ＳＤＭ）研究科附属システムデザイン・マネジメント研究所研究員。ＥＶＯＬ株式会社代表取締役ＣＥＯ。ＩＰＰＡ（国際ポジティブ心理学協会）会員。一般社団法人ウェルビーイングデザイン理事。サンフランシスコ大学、アンダーセンコンサルティング（現アクセンチュア）などを経て現職。前野隆司の妻。幸せを広めるワークショップ、コンサルティング、研修活動およびフレームワーク研究・事業展開、執筆活動を行っている。最近では、ウェルビーイングダイアログカードの普及活動を精力的に行っている。

著書に『月曜日が楽しくなる幸せスイッチ』（ヴォイス）、『ニコイチ幸福学　研究者夫妻がきわめた最善のパートナーシップ学』（共著・ＣＣＣメディアハウス）がある。

家族《かぞく》の幸福度《こうふくど》を上《あ》げる7《なな》つのピース

2020年11月1日　第1刷

著　　者　前《まえ》 野《の》 隆《たか》 司《し》
前《まえ》 野《の》 マ ド カ

発 行 者　小 澤 源 太 郎

責任編集　株式会社 プライム涌光
電話　編集部　03(3203)2850

発 行 所　株式会社 青春出版社
東京都新宿区若松町12番1号 〒162-0056
振替番号　00190-7-98602
電話　営業部　03(3207)1916

印　刷　中央精版印刷　　製　本　大口製本

万一、落丁、乱丁がありました節は、お取りかえします。

ISBN978-4-413-23174-9 C0030